Die Seminarteilnehmer mit dem Flossenbürg-Überlebenden Alexander Laks, 16. Juli 2011

Folgende engagierte Schülerinnen und Schüler des Gymnasiums Neutraubling, P-Seminar Geschichte 2011, haben sich unter der Leitung von Heike Wolter am vorliegenden Buchprojekt beteiligt:

Miriam Betz
Nicole Cenkalik
Johanna Ferstl
Lukas Fischer
Alexandra Gerlach
Andreas Gröschl
Theresa Märkl
Fabian Nußer
Alexander Parzefall
Fabian Sachenbacher
Felix Schmalhofer
Florian Schmidbauer
Sabrina Schön
Clarissa Spiegler
Barbara Völkl

Bibliografische Information der Deutschen Nationalbibliothek

Die Deutsche Nationalbibliothek verzeichnet diese Publikation in der Deutschen Nationalbibliografie; detaillierte bibliografische Daten sind im Internet über http://dnb.d-nb.de abrufbar.

Haftungsausschluss

Teile des vorliegenden Buches basieren (unter anderem) auf zahlreichen persönlichen Angaben, die zur Wahrung der authentischen Wiedergabe inhaltlich nicht modifiziert wurden. Im Zweifelsfall sind die Originalaufnahmen der Zeitzeugenaussagen im Gemeindearchiv Obertraubling oder im Stadtarchiv Neutraubling einsehbar. Alle Angaben erfolgen ohne Gewähr. Sollten sich trotz sorgfältiger Korrektur Fehler eingeschlichen haben, erbitten wir weiterführende Hinweise darauf. Wenden Sie sich in diesem Fall bitte schriftlich an den Verlag.

Originalausgabe, August 2011
© 2011   edition riedenburg
Anschrift   edition riedenburg, Anton-Hochmuth-Straße 8, 5020 Salzburg, Österreich
E-Mail   verlag@editionriedenburg.at
Internet   editionriedenburg.at

Dieses Buch enthält copyrightgeschützte Fotos aus Archiven, Museen und anderen öffentlichen Einrichtungen. Es gelten die entsprechenden Bestimmungen.

Um die Eingängigkeit zu schärfen und Missverständnisse zu vermeiden, wurde die Zeitzeugenaussage von Herrn Mantelmacher – „Wenn der Krieg fertig ist um 11 Uhr, seid ihr um 10 Uhr alle fertig." – für den Titel des vorliegenden Buches sinnentsprechend angepasst.

Umschlaggestaltung, Satz und Layout: edition riedenburg
Bildnachweis: Stacheldraht auf Cover und Kapitelseiten © pureshot – Fotolia.com
Herstellung: Books on Demand GmbH, Norderstedt

ISBN 978-3-902647-49-8

Heike Wolter

unter Mitarbeit des
P-Seminars Geschichte am
Gymnasium Neutraubling

«Wenn der Krieg um 11 Uhr aus ist, seid ihr um 10 Uhr alle tot!»

Sterben und Überleben im KZ-Außenlager Obertraubling

edition
riedenburg

Inhaltsverzeichnis

Geleitworte

Vergessen und Verdrängen sind menschliche Abwehrmechanismen, um unangenehme und belastende Gedanken, Vorstellungen und Ereignisse aus der bewussten Wahrnehmung auszublenden. Vergessen und Verdrängen war beispielsweise in der Adenauerzeit eine Strategie, um den Wiederaufbau und die Demokratisierung Westdeutschlands möglichst schnell und effektiv voranzutreiben. Das „131er-Gesetz" aus dem Jahre 1951 etwa regelte die Rückkehr NS-belasteter Beamter in den öffentlichen Dienst, da ihr administratives Know-how unverzichtbar schien für das Funktionieren staatlicher Strukturen. „Was der ersten deutschen Demokratie, der Republik von Weimar, zum Verhängnis wurde, nämlich der Pakt mit den alten Mächten, wurde für die Bonner Republik scheinbar zum Segen. Tausenden Nationalsozialisten wurde Absolution erteilt und diese trugen damit zur Erfolgsgeschichte der Bundesrepublik Deutschland bei." So Richard Lamers in seinem Artikel über „Nazis unter Adenauer".[1]

Es hat schließlich gut zwei Jahrzehnte gedauert, bis in Deutschland die Aufarbeitung der NS-Vergangenheit, insbesondere der Ermordung der Juden in den Konzentrationslagern, ernsthaft angegangen wurde. Einen ersten Schub erhielt die Vergangenheitsbewältigung in der Zeit der studentischen Protestbewegung der 68er. Die Akteure wollten in der Abgrenzung gegenüber ihren eigenen Eltern und deren Verstrickung in die NS-Machenschaften die schwammige Utopie einer freien sozialistischen Gesellschaft schaffen.

Das Wort „Vergangenheitsbewältigung" suggeriert jedoch fälschlicherweise, die Vergangenheit lasse sich für immer „bewältigen". Es wich daher allmählich Begriffen wie „Erinnerungskultur" und „Vergangenheitspolitik" oder auch „Gedächtnispolitik".

Mittlerweile lebt die vierte, fünfte Nachkriegsgeneration und es zeigt sich, dass im lokalgeschichtlichen Rahmen es selbst jetzt zum Teil nach wie vor Mühe macht, sich zu erinnern und vor Ort das Wissen über die schrecklichen Vorkommnisse zu heben und zu bewahren.

Es ist deshalb ein großes Verdienst von Dr. Heike Wolter, ehrenamtliche Archivarin der Gemeinde Obertraubling und Studienrätin für Deutsch, Geschichte und Sozialkunde am Gymnasium Neutraubling, mit ihrem P-Seminar (2011/13)[2] sich eines heiklen lokalgeschichtlichen Themas jener dunklen Epoche der jüngeren deutschen Geschichte anzunehmen.

Unter ihrer Anleitung untersuchten ihre Seminarteilnehmerinnen und Seminarteilnehmer die Geschichte des KZ-Außenlagers Obertraubling.

Das Thema eignet sich hervorragend, die im Praxis-Seminar geforderten Kompetenzen zu erlernen bzw. zu vertiefen. Nur im aktiven Zusammenspiel aller kann es gelingen, das gemeinsame Ziel, nämlich das Erstellen eines Manuskripts zum Leben und Überleben in einem KZ bis zum fertigen Buch, zu erreichen. Als externe Partner standen ihnen Ulrich Fritz von der Stiftung Bayerische Gedenkstätten sowie die Mitarbeiter der KZ-Gedenkstätte Flossenbürg beratend zur Seite. Zum anderen hatten sich die Schüler mit den Abläufen in einem Verlag auseinanderzusetzen.

Das Ergebnis der sehr engagierten Arbeit liegt nun in Form dieses Büchleins vor, das sich nicht nur auf schriftliche Quellen stützt, sondern in weiten Teilen auf „Oral History" basiert, also dem freien Erzählen Überlebender über ihre dramatischen Erlebnisse während der KZ-Haft. Das P-Seminar von StRin Dr. Wolter ist vorbildlich im Sinne lebendiger Geschichtsforschung und zugleich ein Paradebeispiel für wissenschaftspropädeutisches Arbeiten im Team, das Schüler motiviert und sie bestens auf die Erstellung ihrer Seminararbeit wie auch auf ein späteres Universitätsstudium vorbereitet.

Oberstudiendirektor Alfred Krinner
Gymnasium Neutraubling

„Vergangenheitsbewältigung" ist seit Jahrzehnten ein immer wiederkehrendes Schlagwort in der öffentlichen Diskussion. Die Erinnerung an die Opfer des Nationalsozialismus ist Teil unserer nationalen Identität. Unser Grundgesetz verpflichtet uns, die Würde des anderen, die Würde des Menschen, zum Maßstab unseres Handelns zu machen. Verpflichtende Erinnerung, verpflichtendes Gedenken, muss aber auch heutige und künftige Generationen im Blick behalten, um unserer Gegenwart und Zukunft willen. Historische Aufklärung also ist und bleibt notwendig.

Es ist ein offenes Forschungsfeld, wie sich die Deutschen unter dem Eindruck des Zusammenbruchs der nationalsozialistischen Herrschaft zu ihrer eben noch Gegenwart gewesenen jüngsten Geschichte stellen. Von den materiellen und geistigen Resten dieser Zeit waren sie allenthalben umgeben, das Dritte Reich ragte gewissermaßen unmittelbar in ihre Lebenswelt hinein.

In seiner „Rede an die deutsche Jugend" diagnostizierte der Dichter Ernst Wiechert, der 1938 mehrere Monate in einem Konzentrationslager inhaftiert gewesen war, im November 1945 in München:

„In diesen zwölf Jahren war fast ein ganzes Volk bis auf den Grund seiner Seele verdorben und vergiftet. ... In diesen zwölf Jahren waren auch die letzten Fäden durchschnitten worden, die ein Volk an seine Vergangenheit binden und mit der Umwelt anderer Völker verknüpfen. In ihnen war das Recht gestorben, die Wahrheit, die Freiheit, die Menschlichkeit."

Wiechert beschrieb prägnant die Orientierungslosigkeit, die nach dem Ende des Dritten Reiches und des Zweiten Weltkriegs in Deutschland herrschte. Die Erfahrung des politischen Zusammenbruchs und der militärischen Niederlage traf jeden Einzelnen ganz unmittelbar.

Mit den Verbrechen des Dritten Reiches waren viele Deutsche spätestens direkt vor Kriegsende oder kurz danach persönlich konfrontiert worden, als die Todesmärsche der ausgemergelten Insassen der geräumten Konzentrationslager Städte und Dörfer passierten.

Historische Aufklärung also ist und bleibt notwendig. Zugleich gilt es, jungen Menschen historisches Wissen und emotionale Betroffenheit so zu vermitteln, dass sie eine Beziehung zur Gegenwart, also gegenwärtige moralische Sensibilität und politische Verantwortung

ermöglicht. Betroffenheit, die bloß ratlos macht, Wissen, das folgenlos bleibt – solcherart Ergebnisse von Erinnerungsarbeit sind nicht menschengemäß und gesellschaftlich wirkungslos.

Auch bei der Aufarbeitung unserer eigenen heimatlichen Geschichte verspürt man, dass man sich nur ungern an diese Zeit zurückerinnert.

Ich bin deshalb unserer Archivarin, Frau Dr. Wolter, sehr dankbar, dass sie dieses Thema mit ihrem „P-Seminar" vertieft hat. Mit der außerordentlich umfangreichen Aufarbeitung wird ein Teil der Ortsgeschichte von Obertraubling skizziert und aufgearbeitet. Hier finden sich nicht nur Randnotizen, sondern elementare Bestandteile für unsere „Vergangenheitsbewältigung".

Ich wünsche mir, dass die Projektarbeit von Frau Dr. Wolter viele interessierte Leser findet!

Alfons Lang
Erster Bürgermeister der Gemeinde Obertraubling

Frieden und Völkerverständigung – das sind unsere Aufgaben.

Es ist eine traurige Tatsache und das dunkelste Kapitel in der Vorgeschichte unserer Stadt: In den letzten Monaten des Zweiten Weltkrieges bestand auf dem Fliegerhorst Obertraubling, dem heutigen Neutraubling, ein Außenlager des Konzentrationslagers Flossenbürg. Nördlich der uns bekannten O-Bauten lebten und starben Häftlinge im nie fertig gestellten Rohbau des sogenannten Casinos.

Damals gab es die Gemeinde Neutraubling noch nicht – wohl aber während der Zeit, als noch der Friedhof hauptsächlich für die verstorbenen KZ–Häftlinge nördlich des heutigen Rathauses mit Bürgerzentrum bis Ende 1956 existierte.

Eine Auseinandersetzung mit dieser Tatsache und ein Gedenken muss den ersten Neutraublingern, Flüchtlinge, die in den Ruinen des Fliegerhorstes Unterschlupf fanden, schwer gefallen sein. Hatten sie doch selbst erst die Gräuel von Flucht und Vertreibung zu verarbeiten, mussten sie hier in der Fremde um ihre Existenz kämpfen.

Die Errichtung des großen Kreuzes aus dem aufgelösten KZ-Friedhof im heutigen Friedhof Neutraublings und die Errichtung eines Gedenksteins im Jahr 2006 an der Ecke Regensburger / Breslauer Straße markierten erste Zeichen der Erinnerung und des Mitgefühls für die Verstorbenen und ihre Angehörigen.

Heute leben in unserer Stadt Menschen aus über 70 Nationen friedlich zusammen.

Beschäftigte aus unseren Unternehmen sind in der ganzen Welt tätig.

Die Neutraublinger Schulen und die Pfarrei St. Michael unterhalten Partnerschaften und pflegen Beziehungen zu europäischen Nachbarn. Mitglieder unserer Vereine starten bei Europa- und sogar Weltmeisterschaften. Beim Schwimmwettbewerb des Ironman Regensburg 2011 starteten am Guggenberger See im Stadtgebiet Neutraubling Teilnehmer aus 55 Nationen.

Dies alles summiert sich als Dienst an der großen Aufgabe zur Versöhnung, zur Völkerverständigung und zum friedlichen Zusammenleben aller Menschen.

Neutraubling heute weiß sich dieser Aufgabe verpflichtet.

Den jungen Menschen aus dem Gymnasium Neutraubling danke ich namens unserer Stadt ganz herzlich dafür, dass sie mit der Erarbeitung der vorliegenden Publikation einen wichtigen Beitrag zu eben dieser Aufgabe geleistet haben.

Heinz Kiechle
Erster Bürgermeister der Stadt Neutraubling

„Wenn der Krieg um 11 Uhr aus ist, seid ihr um 10 Uhr alle tot!"

Einführung von Heike Wolter

Danksagung

Im Namen aller Beteiligten an diesem Projekt danke ich als Hauptverantwortliche

... unseren Förderern, die das Projekt in diesem Umfang erst möglich gemacht haben: dem Leo-Baeck-Programm „Jüdisches Leben in Deutschland – Schule und Fortbildung", der Krones AG und der Gedenkstätte Flossenbürg.

... dem Archiv Barbing für Informationen zum Außenlager und den Waldwerken des Messerschmitt-Konzerns.

... Wolfgang Bauer, Georg Gattinger, Gerhard Schulz, unseren Zeitzeugen aus der Großgemeinde Obertraubling, die den Mut hatten, über das Geschehene zu sprechen und uns einen Einblick in die Ortsgeschichte jener Zeit zu geben.

... Angelika Biermeier und Eleonore Strobel, beide Mitglieder des Büchereiteams, die gespannt unsere Recherchen verfolgten und den Vortrag in der Gemeindebücherei Obertraubling nicht nur ermöglichten, sondern mit gewohnter Perfektion zu einer besonderen Veranstaltung werden ließen.

... Pius Detterbeck, Ortsheimatpfleger von Obertraubling, für die Bereitstellung zahlreicher Fotografien.

... Rainer Ehm, Historiker, der durch sein Fachwissen viele Informationen des Projekts in den richtigen Kontext rückte.

... Ulrich Fritz, Mitarbeiter der Stiftung Bayerische Gedenkstätten, der für uns sonst unzugängliche Archivalien das Außenlager betreffend zur Verfügung gestellt sowie das Nachwort verfasst hat, und uns in jeder Hinsicht mit seinen wissenschaftlichen Kenntnissen geholfen hat.

... Carine Gröschel, Bibliothekarin der Stadt Neutraubling, für ermutigende Gespräche nach Rückschlägen in der Recherche und den unbedingten Glauben an unser Projekt.

... Emil und Bernard Kalfus, Überlebende des Außenlagers, die – zusammen mit Emils Sohn Richard – nicht nur herzliche Gastgeber waren, sondern uns vor allem unverzichtbare Details über das Lager und besonders ihre Erfahrungen dort lieferten.

... Christine Keck, der Programmkoordinatorin des LBI, die uns stets beratend zur Seite stand.

... Heinz Kiechle, Bürgermeister der Stadt Neutraubling, für seine uneingeschränkte Unterstützung des Projekts und die Bereitschaft, die Ergebnisse im Museum der Stadt sowie in einem Vortrag präsentieren zu lassen.

... Alfred Krinner, Schulleiter des Gymnasiums Neutraubling, für das Geleitwort und die Geduld mit all unseren Anfragen.

... der Krones AG, besonders dem Team für Corporate Social Responsibility, für die großzügige Unterstützung des Dokumentarfilms, der die Geschichte des Außenlagers erzählen wird.

... Angela Kutzer, Lehrerin am Gymnasium Neutraubling, die das Probemanuskript in Rekordzeit Korrektur las.

... Alexander Henryk Laks, Überlebender des Konzentrationslagers Flossenbürg, für ein bewegendes Zeitzeugengespräch am Ort des Geschehens.

... Alfons Lang, Bürgermeister der Gemeinde Obertraubling, der die Recherchen wohlwollend begleitet und die Präsentation der Ergebnisse in einem Vortrag unterstützt hat.

... Moishe Mantelmacher, Überlebender des Außenlagers, und seiner Familie, die einen wunderbaren Tag zwischen Lachen und Weinen in Rochester, NY, ermöglichten, durch den uns Grundlegendes über Leben im und Überleben des Holocaust bewusst wurde.

... Barbara Mullen und Sieglinde Jenkins, den guten Geistern im Rathaus, die von A wie Anrufen bis Z wie Zuhören alles für unser Buch ermöglicht haben.

... Margrit Sailer für die zahllosen Informationen über das Stammlager in Flossenbürg, insbesondere die Diskussion um Vergessen und Erinnern des lokalen Geschehens.

... Dr. Christa Schikorra, Silvia Unger, Christina Kick und allen Mitarbeitern der Gedenkstätte Flossenbürg, die organisatorisch Hervorragendes geleistet haben, um dem Projekt zum Gelingen zu verhelfen.

... Jack Terry, Überlebender des Konzentrationslagers Flossenbürg, der uns nicht nur an seinen persönlichen Erlebnissen teilhaben ließ, sondern auch das Leben mit dem Unfassbaren für uns reflektierte.

... dem United States Holocaust Memorial Museum, das einen Leitfaden für die Überlebendeninterviews bereitstellte und diese in eine international verfügbare Datenbank übernehmen wird, damit das Schicksal der Zeitzeugen nicht in Vergessenheit gerät.

... Cäcilie Vilsmeier und Karl Heinz Westenhuber, den Archiv- und Heimatpflegern der Stadt Neutraubling, die zahlreiche Akten bereitgestellt und mit ihrer Orts- und Geschichtskenntnis unverzichtbare Informationen zum Thema geliefert haben.

... Jack Wayne, Überlebender des Außenlagers, der uns in vielen Briefen an seinen Erlebnissen in Obertraubling teilhaben ließ.

... Johann Leitner, Korrektor der edition riedenburg, der mit gewohnter Präzision jeden sprachlichen Fehler im Buch fand.

... Caroline Oblasser, Verlagsleiterin der edition riedenburg, die es wichtig fand, dieses Buch zu veröffentlichen.

... Thomas Wolter für die technische Betreuung der Überlebendeninterviews.

... allen Ungenannten, die sich der Geschichte des Außenlagers Obertraubling verbunden fühlen und die Erforschung seiner Geschichte unterstützen.

Wie alles begann

Als Archivpflegerin der Gemeinde Obertraubling „stolperte" ich vor einiger Zeit über vereinzelte Informationen zu einem „Außenlager Obertraubling". Es fand sich jedoch nichts dazu in der Ortschronik und auch auf Nachfrage blieben die Informationen spärlich. Mein Forschergeist war geweckt, das wollte ich genauer wissen. Ich beschloss, die Möglichkeiten des sogenannten Projekt-Seminars der gymnasialen Oberstufe zu nutzen, um das Thema intensiv zu beleuchten.

Im Februar 2011 saßen mir 15 Schüler mit erwartungsvollen Gesichtern und vielen guten Ideen, wie sie sich dem Projekt nähern wollten, gegenüber. Dieses kleine Buch ist das Ergebnis der monatelangen

Recherchen, deren Höhepunkt sicher das Wiederfinden von Überlebenden des Außenlagers und die Gespräche mit ihnen waren.

Sollten die Ausführungen auch an mancher Stelle noch wissenschaftlich nach ersten Schritten aussehen und teils jugendlich unbefangen provokativ sein, so ist die Publikation trotzdem ein ernstzunehmender Beweis, zu welch differenzierten Erkenntnissen die Schüler gekommen sind.

Sie zeigten, dass mit Beharrlichkeit auch unter mühsamen Umständen vielfältige Informationen beschafft werden konnten und vor allem, dass diese Arbeit eine bleibende Erinnerung nicht nur für die Menschen in den Gemeinden rund um das ehemalige Gelände des Fliegerhorstes sein wird, sondern dass vor allem die Schüler viel gewonnen haben:

„Dieses P-Seminar brachte mich vom anfänglichen Interesse bis hin zur intensiven Beschäftigung mit der Thematik der Konzentrationslager in Nazi-Deutschland."

„Ich habe verstanden, wie wichtig es ist, Schreckliches nicht zu akzeptieren und nicht wegzuschauen. Die Verantwortung für das, was um uns herum geschieht, liegt allein bei uns."

„Es war sehr beeindruckend und bewegend, mit zwei Zeitzeugen sprechen zu können. Diese Gespräche haben mir auch gezeigt, dass es so viel Unrecht auf der Welt (auch heute noch) gibt."

„Man kann es manchmal nicht glauben, dass es diese Zeit wirklich gegeben hat."

„Mir ist in diesem Seminar auch noch einmal richtig bewusst geworden, dass wir alle direkt betroffen sind. Es gab nicht nur Lager in Dachau oder anderswo weit weg von uns, sondern auch in unserer direkten Umgebung. Wenn wir mitten in Neutraubling sind, stehen wir auf einem Fleck Erde, auf dem noch vor ein paar Jahren Gewalt und Mord an der Tagesordnung waren."

„Durch das P-Seminar ist mir die Geschichte meiner Heimat klarer geworden, denn im Geschichtsunterricht erfährt man meist nur über den Nationalsozialismus insgesamt. Es wird einem nicht klar, dass sich auch dort, wo man nun lebt, so etwas abgespielt hat."

„Das Beste am Seminar war, dass wir noch die einzigartige Möglichkeit hatten, mit Überlebenden zu

sprechen. Das war ein wertvolles Erlebnis fürs ganze Leben und darauf bin ich sehr stolz."

„Das P-Seminar hat mir gezeigt, wie schlimm die Zustände in den KZs waren und wie sich die Gefangenen gefühlt haben müssen."

„Ich denke jetzt mehr über die Geschichte meines Ortes nach, und über die Geschichten, die damit verbunden sind."

„Es ist erstaunlich, wie und in welcher Dimension diese Verbrechen Auswirkungen auf die Gesellschaft und auf das ganze Leben der Häftlinge hatten."

„Überraschend war, dass alle befragten Überlebenden Obertraubling als das schlimmste Lager, in dem sie waren, bezeichneten. Außerdem fällt auf, wie viele Leute, gerade Zeitzeugen, immer noch verdrängen, was damals geschah. Und genau das sollte verhindert werden."

„Gerade anhand einzelner Personen und Schicksale wird erst das Ausmaß des NS-Terrors erkennbar."

Das Außenlager Obertraubling: Teil des NS-Lagersystems

Die Nationalsozialisten etablierten während ihrer zwölfjährigen Diktatur in Deutschland ein umfassendes Lagersystem, um missliebige Personen einzusperren und in großer Zahl zu töten. In mehr als 20.000 Konzentrations- und Außenlagern zählten zu ihren Opfern nicht nur jüdische, sondern auch nichtjüdische Bürger vieler Staaten Europas. Die Nationalsozialisten verfolgten Menschen aufgrund ihrer Herkunft, ihrer Religionszugehörigkeit, ihrer sexuellen Orientierung, ihrer politischen Einstellung, ihres Gesundheitszustandes und anderer willkürlicher Ursachen.

Nachdem die Nationalsozialisten zunächst vor allem deutsche „Staatsfeinde" inhaftiert hatte, begannen sie nach der Angliederung Österreichs im März 1938 verstärkt jüdische Staatsbürger einzusperren. Ab Kriegsbeginn wurden noch mehr Menschen zwangsweise in Konzentrationslagern festgehalten, vor allem um durch Zwangsarbeit möglichst einen hohen öko-

nomischen Gewinn zu erzielen und die Menschen dabei durch Arbeit zu vernichten. Mit den militärischen Erfolgen des NS-Systems wuchs die Zahl der Lager erheblich und rasch. Als die „Endlösung der Judenfrage" im Januar 1942 auf der Wannseekonferenz beschlossen worden war, wurden von den Nationalsozialisten reine Vernichtungslager in Polen eingerichtet. Sie waren ausschließlich für den Genozid bestimmt und sollten effizient das Vernichtungswerk verrichten. Ihre Opfer erhielten sie oft auf direktem Wege, manchmal jedoch auch aus sogenannten Durchgangslagern in den besetzten Gebieten Europas.

Vor allem während des letzten Kriegsjahres, als die deutsche Armee auf Reichsboden zurückgedrängt wurde, starben zahllose Gefangene an Hunger, Krankheiten und durch Folter. Durch die Evakuierung vieler Lager in sogenannten Todesmärschen wurden die Lager im Reichsgebiet überfüllt – die Zustände dort verschlimmerten sich nochmals. Um die Arbeitskraft der Häftlinge insbesondere für die deutsche Rüstungsindustrie auszunutzen, waren für zahlreiche Konzentrationslager sogenannte Außenlager entstanden, deren Zahl sich nun noch weiter erhöhte. Je näher das Kriegsende rückte, desto mehr gab es aber auch Außenlager, in denen die Beschäftigung der Häftlinge keinen wirtschaftlichen Nutzen mehr hatte, sondern allein der Demütigung und Qual der Inhaftierten, allein ihrer Vernichtung diente. In den Nebenlagern herrschten besonders in den letzten Kriegsmonaten oft chaotische Zustände.

Rund um das Stammlager in Flossenbürg entwickelte sich ein weitverzweigtes Außenlagersystem. Die Tätigkeiten der Häftlinge dort, ihre Behandlung und damit ihre Überlebenschancen unterschieden sich massiv von Lager zu Lager. Obertraubling wurde zwar als Außenlager gegründet, um auf dem von der Messerschmitt AG genutzten Fliegerhorst Zwangsarbeit zu verrichten, stellte sich aber letztlich als Verschiebestation und für zahlreiche Gefangene als Ort des Todes dar.

Millionen Menschen wurden in den verschiedenen Lagern der Nationalsozialisten gequält, ausgebeutet, missbraucht und zu einem großen Teil schließlich vernichtet. Nur ein geringer Teil überlebte.

Ein Schulprojekt mit Überlebenden

Zentraler Bestandteil unseres Seminars sollten die Lebenswege jüdischer Häftlinge des Außenlagers in Obertraubling sein. Wir wollten wissen, woher diese Menschen kamen, was sie vor ihrer Verschleppung nach Obertraubling erlebt hatten und was mit ihnen nach Befreiung und Krieg geschehen war.

Wir erhielten von der Gedenkstätte in Flossenbürg einen Auszug aus der Häftlingsdatenbank und versuchten zunächst eine einfache Google-Suche. Zuerst ohne Erfolg. Also durchforsteten wir die Informationen der Gedenkstätte Yad Vashem, die uns schließlich zum Shoah Foundation Institute führten. Dort fanden wir endlich einige Namen, die mit Obertraubling verknüpft waren – und auch den Grund, warum wir zuvor so wenig hatten in Erfahrung bringen können. Während die Häftlingsdatenbank die Namen der Inhaftierten 1945 anzeigte, lebten viele Überlebende nun unter einem anderen Namen. So war aus Jakob Weintraub Jack Wayne geworden und aus Moishe Mantelmacher Max Mantelmacher. Mit den neuen Angaben wurden wir schnell fündig und schrieben den Betreffenden einen Brief.

Schon bald folgten Antworten und wir durften Moishe Mantelmacher, Bernard und Emil Kalfus sowie Jack Wayne kennenlernen. Sie seien im Folgenden stichwortartig (lt. SFI) vorgestellt:

• Moishe Mantelmacher: geboren 1925 in Kozienice (Polen); Verfolgung durch die Nationalsozialisten in verschiedenen Konzentrationslagern, u.a. Auschwitz-Birkenau, Flossenbürg und Obertraubling; befreit in Dachau; DP-Lager; Ausreise in die USA; wohnhaft in Rochester, NY.

• Emil Kalfus: geboren 1924 in Novy Targ (Polen); Verfolgung durch die Nationalsozialisten in verschiedenen Konzentrationslagern, u.a. Plaszow, Flossenbürg und Obertraubling; befreit in Dachau; DP-Lager; Ausreise in die USA; wohnhaft in Colonia, NJ.

• Bernard Kalfus: geboren 1926 in Novy Targ (Polen); Verfolgung durch die Nationalsozialisten in verschiedenen Konzentrationslagern, u.a. Plaszow, Flossenbürg und Obertraubling; befreit in Dachau; DP-Lager; Ausreise in die USA; wohnhaft in Colonia, NJ.

• Jack Wayne: geboren 1927 in Lódz (Polen); Verfolgung durch die Nationalsozialisten in verschiedenen Konzentrationslagern, u.a. Auschwitz-Birkenau, Flossenbürg und Obertraubling; befreit in Dachau; DP-Lager; Ausreise in die USA; wohnhaft in Bloomfield Hills, MI.

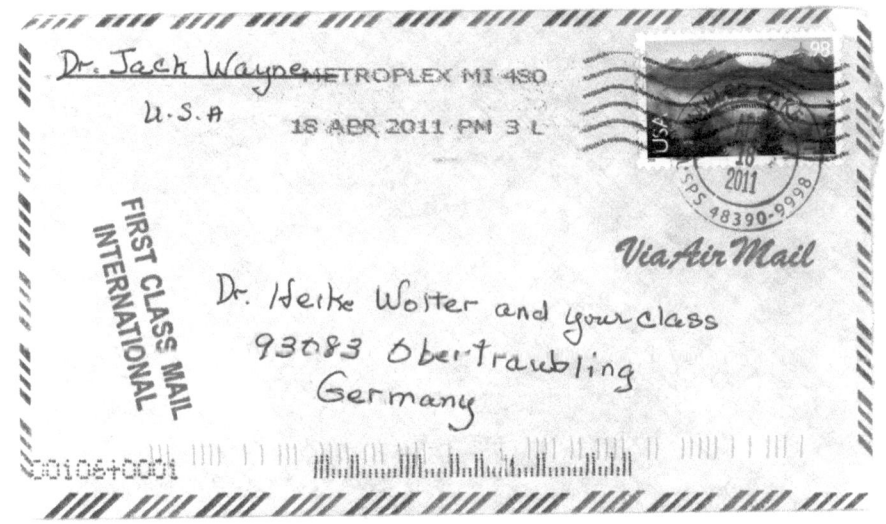

Brief von Jack Wayne an das P-Seminar Geschichte, April 2011

Das Konzentrationslager Flossenbürg

Von der Gründung bis zur Befreiung

Felix Schmalhofer

„Nach zwei Wochen war ich sicher, dass ich das nicht überleben würde." (Jack Terry)

1938 bis 1941: Lagergründung und -ausbau

Das Konzentrationslager Flossenbürg wurde am 1. Mai 1938 von SS-Einheiten zur Baustoffproduktion gegründet.[3] Zuerst diente das Flossenbürger Lager überwiegend zur Inhaftierung von politischen Gegnern und Menschen, die sozial oder rassisch vom Idealbild der nationalsozialistischen Ideologie abwichen, vorwiegend deutscher Staatszugehörigkeit. Es war zunächst ein reines Männerlager. Aufgrund der militärischen Erfolge der deutschen Wehrmacht in Europa im Verlauf des ersten Kriegsjahres wurden ab 1940 immer mehr Gefangene aus den besetzten Gebieten – wie Polen, den Beneluxstaaten und Frankreich – in das Konzentrationslager Flossenbürg gebracht.[4] Dadurch erfolgte ein weiterer Ausbau des Lagers[5] auf über 2.500 Häftlinge, darunter auch die ersten Juden, die nach der Ausgrenzung und ihrer schrittweisen Entrechtung nun systematisch verfolgt wurden und vernichtet werden sollten. Nach wie vor waren die deutschen Häftlinge noch stark in der Überzahl.[6]

1941 bis 1942: Doppelfunktion – Vernichtung und Deportation

Während der Jahre 1941 bis 1942 fand eine starke Wandlung des Konzentrationslagers Flossenbürg statt. Diente es in den Anfangsjahren dem NS-Regime als Arbeitslager, so wurde es ab 1941 mehr und mehr zu einem Ort massenhaften Sterbens. Anders als in den Vernichtungslagern, z.B. im Generalgouvernement, wurden die Häftlinge nicht mit Gas getötet, sondern durch Erschießungen und Giftspritzen.[7] Nach der Besetzung Polens nahm die Anzahl von polnischen Häftlingen im Flossenbürger Lager immer stärker zu. Deshalb fanden ab 1941 Exekutionen statt, bei denen ein Großteil der polnischen Gefangenen ums Leben kam.[8] Durch den 1941 beginnenden Krieg des Dritten Reiches mit der Sowjetunion wurden ab diesem Jahr auch viele sowjetische Kriegsgefangene aus den besetzten Gebieten ins Lager nach Flossenbürg transportiert. Annähernd 2.000 sowjetische Männer starben bei den ab September 1941 durchgeführten Exekutionen. Die Opfer dieser Exekutionsvorgänge wurden ebenso wie die der harten Arbeit geschuldeten Toten im Krematorium des Lagers verbrannt.[9] Aufgrund des harten Winters 1941/1942 stieg die Zahl der körperlich Beeinträchtigten stark an. Diese Häftlinge wurden nach Arbeitsfähigkeit sortiert und Arbeitsunfähige wurden meist sofort getötet oder in spezielle Außenlager überstellt.[10]

Ab 1942 rückte dann die durch die Wannsee-Konferenz vom 20. Januar 1942 beschlossene „Endlösung der Judenfrage" in den Vordergrund. Somit wurden Juden im Konzentrationslager Flossenbürg in größerer Zahl ermordet oder in die Vernichtungslager im Osten deportiert.[11] Im Jahr 1942 waren im Konzentrationslager Flossenbürg 3.515 Häftlinge vermerkt, von denen die meisten zur Arbeit im Steinbruch eingesetzt wurden.[12]

1942 bis 1943: Rüstungsstandort

Bereits 1942 änderte sich die „ökonomische Schwerpunktsetzung der SS"[13] bezüglich des Konzentrationslagers in Flossenbürg. Als Folge des Krieges mit der Sowjetunion wurden die Vorhaben der Rüstungsindustrie immer wichtiger und auch in Flossenbürg umgesetzt.[14] Mit der Indienstnahme für die Kriegswirtschaft musste die Produktivität des Lagers deutlich gesteigert werden, was vorwiegend durch die Einrichtung von Außenlagern sowie durch eine Aufstockung der Häftlinge geschah. Somit entstanden in den Jahren 1942 bis 1945 insgesamt 92 Außenlager, in denen Häftlinge des Konzentrationslagers Flossenbürg arbeiteten.[15] In einigen Außenlagern waren auch Frauen und Kinder inhaftiert.

Sowohl im Stammlager Flossenbürg als auch in den Außenlagern fand in erheblichem Maße Kriegsproduktion für die Firmen Messerschmitt AG und Messerschmitt GmbH zum Bau von Jagdflugzeugen statt. Aber auch die Steinbrucharbeit über das von der SS geführte Unternehmen „Deutsche Erd- und Steinwerke" (DESt) im Stammlager selber erreichte in dieser Zeit seinen wirtschaftlichen Höhepunkt.

„Wenn der Krieg um 11 Uhr aus ist, seid ihr um 10 Uhr alle tot!"

1944: Dezentralisierung und Kriegswirtschaft

Ab dem Sommer 1944 wurden in den Außenlagern immer mehr kriegswichtige Güter produziert; deshalb war ein Großteil der Häftlinge nicht mehr im Stammlager Flossenbürg untergebracht, sondern in den Außenlagern. Auch mehrere tausend Juden wurden im Sommer 1944 nach Flossenbürg transportiert, sie sollten ebenfalls Zwangsarbeit in der Rüstungsindustrie leisten. Die Flugzeugproduktion für die Messerschmitt AG und die Messerschmitt GmbH wurde weiterhin ausgeführt, wohingegen Anfang 1944 die Arbeiten im Flossenbürger Steinbruch nahezu eingestellt wurden.[16] Dies dürfte eine Folge der aussichtslosen Kriegssituation gewesen sein, weshalb man mit allen Mitteln versuchte, gegen die überlegenen alliierten Gegner anzukämpfen. Durch den Rückzug der deutschen Wehrmacht und die Zurückeroberung des sowjetischen Ostens durch die Rote Armee mussten nun Konzentrationslager im Osten geräumt werden, da man nicht wollte, dass die Gefangenen befreit würden. Aufgrund der Ferne Flossenbürgs zur Front wurde das Konzentrationslager eine Art Auffanglager.[17] Deshalb befanden sich Ende 1944 über 31.000 Häftlinge in Flossenbürg und seinen Außenlagern, darunter mittlerweile auch nahezu 10.000 Frauen.

1945: Massensterben

Durch das Heranrücken der Front und weitere Evakuierungen aus frontnahen bzw. kurz vor der Befreiung stehenden Lagern stieg die Häftlingszahl in Flossenbürg weiter an und erreichte im März 1945 ihren Höhepunkt. Zu diesem Zeitpunkt waren 15.445 Häftlinge im Stammlager und fast 37.000 Menschen in den Außenlagern inhaftiert. Wegen der Überfüllung und der unhaltbaren Zustände im Konzentrationslager Flossenbürg starben viele Menschen an Krankheiten, Hunger und Schwäche, doch es fanden auch willkürliche Exekutionen statt, um der Platznot Herr zu werden. Die Leichen der getöteten Menschen wurden *auf Scheiterhaufen verbrannt, da das Krematorium alleine nicht mehr ausreichte*[18].

Die übriggebliebenen Menschen wurden schließlich in sogenannten Todesmärschen zu Fuß in andere Konzentrationslager – meist Dachau – geschickt oder mit demselben Ziel zu Bahnhöfen gebracht, da der Befehl an das Lager kam, *kein Gefangener dürfe in die Hände der Feinde gelangen*[19].

April 1945: Befreiung

Am 23. April 1945 wurde das Konzentrationslager Flossenbürg von Patrouillen des 358. und 359. Infanterieregiments der 90. Infanteriedivision der 3. US-Armee erreicht und befreit. Die amerikanischen Ärzte konnten in den folgenden Tagen noch 1.208 der zurückgelassenen Häftlinge retten, für manche jedoch kam jede Hilfe zu spät.[20] Am 8. Mai wurden mit der vollständigen Kapitulation Deutschlands auch die letzten Häftlinge der Todesmärsche befreit. Ihr Leiden war damit jedoch nicht beendet.

Jack Terry, einer der Überlebenden des Konzentrationslagers Flossenbürg, beschreibt die Befreiung so: *„Der 23. April 1945 ist einer der wichtigsten Tage in meinem Leben. Das war der Tag, an dem die Amerikaner das Konzentrationslager Flossenbürg befreiten. Aber für mich war es der traurigste Tag in meinem Leben. Das erste Mal konnte ich darüber nachdenken, wer ich war und was ich verloren hatte. Es war das erste Mal, dass ich nicht darüber nachdenken musste, wo ich das nächste Stück Brot her bekomme."*[21]

Außenlager in und um Regensburg

Johanna Ferstl

„Ob man im Lager Deutsch sprechen konnte, entschied über Leben und Tod.“ (Jack Terry)

Die wahren Ausmaße des Konzentrationslagers Flossenbürg werden erst klar, wenn man die Außenlager beachtet. Erst durch diese zeigte das Lagersystem, in welchen die Nazis ihre „Vernichtung durch Arbeit" durchführten, seine ganze Schrecklichkeit. Im Januar 1945 starben ca. 2.500, im Februar 2.758 und im März 3.207 Menschen im Lagerkomplex, drei Viertel davon in den Außenlagern.

Bereits 1942 waren fünf dieser Außenlager entstanden, 1943 kamen weitere neun hinzu. 1944 wurde die Zahl der Außenlager durch weitere 58 auf 72 aufgestockt. Kurz vor Kriegsende kamen neue dazu, sodass der Lagerkomplex Flossenbürg schließlich aus dem Hauptlager und 92 Außenstellen bestand.

Plattling

Das Lager diente als Arbeits- und auch als Zwischenlager für Häftlinge, die nach Flossenbürg gebracht worden, aber schon dem Tode nahe waren.[22] Die 500 Häftlinge waren zunächst in einer alten Schule untergebracht, wurden aber nach Protesten aus der Zivilbevölkerung in eine Ziegelei verlegt. An diesem Ort versuchte die Bevölkerung zum Teil sogar erfolgreich den Häftlingen mit Nahrungsmitteln zu helfen. Deren Arbeit bestand darin, den vorhandenen kleinen Flugplatz zu vergrößern und später bei Bombenräumungen und Reparaturen am Bahnhof zur Verfügung zu stehen. In diesem Lager war die Sterberate sehr hoch, vor allem wegen des mangelnden Nahrungsangebots und harter Arbeit. Am 24. und 25. April 1945 wurden die Häftlinge evakuiert, lediglich ca. 60 Kranke blieben zurück. Als die Amerikaner das Lager befreiten, waren noch 40 von ihnen am Leben, neun starben später im Krankenhaus. Außerdem fand die US-Armee noch Häftlinge, die von der Zivilbevölkerung versteckt worden waren.

Saal an der Donau

In diesem Lager sollten unterirdische Hallen für eine versteckte Produktionsanlage des Messerschmittkonzerns entstehen.[23] Die ersten 200 Häftlinge kamen am 30. November 1944 in Saal an, etwas mehr als zwei Monate später, am 5. Februar 1945, wurden weitere 320 und zehn Tage später abermals 200 Häftlinge überstellt. Die Zivilbevölkerung wusste um die Situation der dort Gefangenen, da die Bauern zu Fuhrdiensten verpflichtet wurden und manche Häftlinge kurzzeitig in öffentlichen Betrieben arbeiten mussten.

Das Lager gehörte zu den härtesten – einerseits aufgrund der harten Arbeit, bei der die Häftlinge regelrecht „verheizt" wurden, andererseits wegen des Kommandoführers Konrad Meier, der Häftlinge nur das Wasser aus den Pfützen trinken ließ und sie zum Teil erschoss, wenn sie sich beispielsweise aus Hunger nach einem Löwenzahn bückten.

Regensburg-Stadtamhof

Das Lager entstand am 19. März 1945 im Colosseum in Stadtamhof. Die SS vermietete von dort Häftlinge an die Rüstungsindustrie und öffentliche Arbeitgeber. Die meisten der 400 Häftlinge kamen aus Flossenbürg. Sie mussten das zerstörte Messerschmittwerk wiederaufbauen und Gleise der Reichsbahn reparieren. Das Gebäude diente nicht nur der Beherbergung der Häftlinge, die dort unter menschenunwürdigen Umständen leben mussten, auch das Büro des Messerschmitt-Konzerns war dort untergebracht.

Die Häftlinge schliefen im mit Stroh ausgelegten großen Theatersaal, die Kapos auf der etwas höheren Bühne und die SS-Männer in Nebenräumen. Ein Krankenzimmer gab es nicht, da Kranke sofort nach Flossenbürg zurückgeschafft wurden. Geleitet wurde das Lager von Ludwig Plagge, der zuvor in Auschwitz gedient hatte und als besonders blutrünstig galt. Von der Bevölkerung, die die täglichen Märsche vom Lager zum „Arbeitsplatz" sah und hörte, kam nur wenig Unterstützung.[24] Am 23. April 1945 begann gegen ein Uhr nachts der Todesmarsch in zwei Kolonnen. Die Ziele waren Berg und Laufen/Leobendorf.[25]

„Wenn der Krieg um 11 Uhr aus ist, seid ihr um 10 Uhr alle tot!"

Obertraubling

Diesem Lager ist die gesamte Publikation gewidmet, weswegen es an dieser Stelle lediglich der Vollständigkeit halber erwähnt wird.

Außenlager der Firma Messerschmitt

Die Firma Messerschmitt – sowohl AG in Augsburg als auch GmbH mit Sitz in Regensburg – erwies sich im Laufe des Naziregimes als sehr wichtig, vor allem während des Krieges, da die von ihr produzierten Kampfflugzeuge über den Ausgang der militärischen Auseinandersetzungen entscheiden sollten. Messerschmitt wurde als außerordentlich kriegswichtig erachtet. Nachdem ein Großteil der deutschen Arbeiter im Krieg als Soldat dienen musste, wurden zunächst Menschen aus dem Osten zu Zwangsarbeiten verpflichtet, später kamen Kriegsgefangene dazu. Als diese auch nicht mehr reichten, wurden KZ-Häftlinge zur Arbeit hinzugezogen.

Bereits 1943 waren im Lager Flossenbürg selber 800 Häftlinge mit Arbeiten für Messerschmitt beschäftigt, mit der Tragflächenherstellung. Bis zum April 1945 kamen viele Aufgaben hinzu, vorwiegend für und an der Bf 109, aber auch in der Herstellung des Rumpfes der Me 262.[26] Die gesamte Hoffnung der Deutschen auf den Endsieg beruhte – neben der Entwicklung der V1/V2 – auf den von Messerschmitt produzierten Flugzeugen, allen voran dem ersten am Fließband produzierten Düsenflugzeug, der Me 262.

Der Konzern hatte sehr viele Werke, welche im gesamten Dritten Reich verteilt waren, die folgenden Ausführungen beziehen sich aber nur auf jene Produktionsstandorte in der Nähe von Regensburg, wo auch Obertraubling liegt. Zunächst erfolgte die Produktion der Flugzeuge fast ausschließlich in Regensburg-Prüfening, wo viele Zwangsarbeiter beschäftigt waren. Nachdem das Werk aber durch Luftangriffe stark zerstört war, wurde die Montage teilweise nach Obertraubling auf den Fliegerhorst verlegt.

Auch dieser wurde bombardiert und 1944 zu 90 Prozent zerstört. Daraufhin konnte die Produktion dort auch nicht mehr erfolgen und wurde in die neuen Waldwerke „Gauting" bei Hagelstadt und „Stauffen" im Eltheimer Holz ausgelagert.[27]

Aufgrund der ausgezeichneten Tarnung der Werke wurden diese nie angegriffen und ein weiterer Umzug somit nicht nötig. In „Stauffen" erfolgte ab Oktober 1944 die Endproduktion. Die fertiggestellten Flugzeuge wurden nachts auf Gleisen nach Obertraubling gebracht, von wo aus sie starteten.

Das Außenlager Obertraubling

Die Vorgeschichte: Der Fliegerhorst Obertraubling

Fabian Sachenbacher

„Noch 1938 war der für die Fliegertruppe als Friedensstandort überflüssig gewordene Fliegerhorst [...] anderweitig genutzt worden." (Rainer Ehm)

Das Außenlager Obertraubling des Konzentrationslagers Flossenbürg entstand auf dem Fliegerhorst Obertraubling, weshalb dessen Vorgeschichte von großer Wichtigkeit für das spätere Geschehen ist.

Planung und Grundabtretung

1934/35 war zunächst an einen militärischen Ausbau des zivilen Flughafens Regensburg-Prüfening und für Obertraubling an die Einrichtung eines großen Feldflugplatzes (eines sogenannten „Einsatz-Hafen") mit nur wenigen und als Bauernhäuser getarnten Gebäuden gedacht worden. Die Ansiedlung der Messerschmitt-Werke in Regensburg-Prüfening seit 1936 ließ dann jedoch das Areal bei Obertraubling zum Horstgelände werden. Deshalb wurde bereits ein Jahr zuvor mit der Planung eines Fliegerhorstes nördlich von Obertraubling begonnen.[28]

Doch da ein Fliegerhorstbau an bestimmte Voraussetzungen – Straßenanbindung, Stromfreileitung – gebunden war sowie im Falle eines Krieges bei einer Bombardierung Obertraubling durch die Nähe zum Fliegerhorst in starke Mitleidenschaft gezogen hätte werden können, aber auch durch die gute Beschaffenheit des Obertraublinger Bodens bedingt, entschied man sich im Mai 1935, den Fliegerhorst in das Feuchtwiesengebiet des heutigen Neutrabling zu bauen.[29] Lokal ansässige Bauern hatten sowohl Interesse an als auch Einfluss auf diese Entscheidung genommen. Neutraubling gab es damals noch nicht und die benötigte Fläche bestand überwiegend aus Feldern, umgeben von vereinzelten Gehöften, wie Pläne aus dieser Zeit zeigen.[30] Auf diesem Gelände von etwa 250 Hektar sollte nun der Fliegerhorst Obertraubling-Regensburg entstehen. Somit musste das Regensburger Fürstenhaus Thurn und Taxis insgesamt 89 Hektar und die ansässige Familie Kirsch-Puricelli 80 Hektar an das Deutsche Reich abtreten, damit der Fliegerhorst gebaut werden konnte.[31]

Bau und Vorkriegsjahre

Der Bau des Fliegerhorstes war als „Geheime Reichssache"[32] eingestuft worden – eine Angelegenheit, die also von besonderer politischer Bedeutung für das Dritte Reich war und daher von Reichsministerien oder Kanzleien Hitlers besonders geschützt wurde. 1937 begannen erste Arbeiten für das Flugfeld, am 2. Juli 1938 fand das Richtfest für das Hauptgebäude statt.[33] Das Gelände wurde aber auch später immer wieder erweitert und verändert, wie die Pläne aus dieser Zeit zeigen.[34] Es wurden Leitungen verlegt, riesige Gebäudekomplexe zur Unterbringung der Soldaten und für die Kommandantur, zwei Rollbahnen und mehrere Hallen geplant und teilweise realisiert. Auch die Infrastruktur wurde stark ausgebaut, sodass sogar ein Bahnhof im Gelände entstand, der mit dem Bahnhof in Obertraubling verbunden war.

So war 1938 der Bau, abgesehen von einigen noch nicht vollendeten Wohnbauten, schon so fortgeschritten, dass ab Herbst 1938 Flugzeuge im Fliegerhorst stationiert wurden. Zudem wurden 1938 bereits die Fliegerhorstkompanie und die Luftnachrichtenkompanie dort stationiert.[35] Doch den Fliegerhorst Obertraubling hätte es wohl in der schließlichen Form nie gegeben, hätte man sich nicht mit dessen Bau auf einen kommenden Weltkrieg vorbereiten wollen. Der Fliegerhorst Obertraubling war also nur durch den bevorstehenden und schließlich 1939 ausbrechenden Krieg wichtig geworden.

Mobilmachung in den ersten Kriegsjahren

Ein Brief von 1939[36] zeigt, dass in Obertraubling seit dem Januar des gleichen Jahres Mobilmachungsvorbereitungen getroffen wurden. Darin wurden verschiedene Details über Bekleidung, Verpflegung und Unterkunft vorgeschrieben und außerdem Anflugbedingungen geregelt.[37] Als Ende 1940 die Firma Messerschmitt AG Augsburg – nicht zu verwechseln mit der Messerschmitt GmbH Regensburg – im Zuge von Kapazitätserweiterungen in den Fliegerhorst Obertraubling einzog und schließlich den ganzen Horst belegte, wurde allmählich aus dem Fliegerhost ein Werksflugplatz für den Messerschmittkonzern. Doch da Messerschmitt für seine Flugzeugproduktion Personal benötigte, wurden im Dezember 1940 rund 2.200 Wehrmachtsstrafgefangene aus der ostbayerischen Strafkompanie XIII[38] als Arbeiter ebenfalls auf den Horst nach Obertraubling verlegt. Da ab 1941 große „Lastensegler" vom Typ Me 323 bzw. Me 325 in Obertraubling getestet wurden, musste der Flugplatz aufgrund dieser ungewöhnlich großen Flugzeuge noch einmal ausgebaut werden. Durch dieses Großprojekt entstand schließlich ein Arbeitskräftemangel, der ab 1942 dadurch gelöst wurde, dass man die Wehrmachtsstrafgefangenen abzog und sie durch sowjetische Kriegsgefangene ersetzte. Deshalb wurden in Obertraubling zwei „Russenlager" eingerichtet, in welchen die sowjetischen Kriegsgefangenen (meist Offiziere), insgesamt etwa 2.750 Personen, unter miserablen Lebensbedingungen in vollkommen überbelegten Baracken schlafen und in der Flugzeugproduktion hart arbeiten mussten.[39]

Daher wagten einige dieser sowjetischen Gefangenen Fluchtversuche und wurden dabei erschossen, andere mussten beim „Krautstehlen" ihr Leben lassen.[40] Die meisten jedoch verhungerten wohl schlichtweg. Im Fliegerhorst half ein Teil der gefangenen sowjetischen Militärs in der dortigen Landwirtschaft, wie der Zeitzeuge Herr Schulz, dessen Vater als Landwirt für den Fliegerhost tätig war, berichtete.[41] Diese beschrieb der Vater als durchaus handwerklich begabt und er sprach auch von guter Versorgung und Behandlung dieser. Die Familie Schulz pflegte ein gutes, ja schon fast freundschaftliches Verhalten zu den Gefangenen, welches jedoch geheim bleiben musste, da näherer Kontakt verboten war. Als während des Krieges eine Beziehung des Onkels von Herrn Schulz senior mit einer polnischen Zwangsarbeiterin bekannt wurde, meldete sich der Onkel zum Frontdienst, wo er später auch fiel.

1944/45: Luftangriffe auf den Fliegerhorst

Am 17. August 1943 wurde in Regensburg das dort ansässige Messerschmittwerk von feindlichen Flugzeugen angegriffen und fast vollständig zerstört. Der dadurch verursachte 90-prozentige Produktionsausfall sollte nun am Flugplatz in Obertraubling ausgeglichen werden und so musste das noch teilweise hier befindliche Militär abziehen, um Platz für die Flugzeugproduktion zu schaffen.[42] Durch die erhöhte Produktion wurde der Obertraublinger Flugplatz mit dem Messerschmittwerk für die alliierten Bomber ein wichtiges Ziel, um die deutsche Rüstungsindustrie zu schwächen.[43] Deshalb wurde der Flugplatz

Obertraubling am 22. und 25. Februar 1944 massiv angegriffen, im Rahmen der Operation „Big Week", mit der die US Air Force die deutsche Produktion von Jagdflugzeugen zerstören wollte. Während der erste Angriff wegen der Verteidigung durch Flakgeschütze, die meist von 16 bis 17 Jahre alten Schülern unter der Leitung von verletzten Soldaten bedient wurden, scheiterte, traf der zweite Angriff den Flugplatz empfindlich.[44] Ein weiterer Angriff am 21. Juli 1944 löste tagelange Brände aus und richtete immense Schäden an, unter anderem wurden hierbei auch Baracken des „Russenlagers I" zerstört. Zwischen weiteren zwei Bombenangriffen im Februar und April 1945 bedrohten schnelle Tieffliegerangriffe, die sich auf einzelne Punkte im Horstgelände richteten, den Flugplatz.

Trotz dieser dauernden Angriffe wurde in Obertraubling bis zum Panzeralarm in der Nacht vom 22. auf den 23. April 1945 gearbeitet. Um Gesundheit und Leben der KZ-Häftlinge sorgte sich niemand. So berichtet der Überlebende Moishe Mantelmacher: „Als die Amerikaner und Engländer kamen, hatten die SS-Männer und die Wachen einen Bunker, in dem sie verschwanden. Aber uns wollten sie nicht reinlassen. Also versteckten wir uns unter den Loren. Manche starben und manche nicht. Ich hatte Glück, ich wurde nicht getötet."[45]

Verlegung der Produktion in die Waldwerke „Gauting" und „Stauffen"

Um die Produktion der Flugzeuge aufrecht zu erhalten, sah man sich nach den Angriffen in der „Big Week" im Februar 1944 gezwungen, die Fertigung zu dezentralisieren und die Produktionsstellen so zu schützen, dass dort ohne Beeinträchtigung gefertigt werden konnten. So errichtete man in einem großen Waldstück im nahegelegenen Hagelstadt 1944 ein Waldwerk mit dem Decknamen „Gauting", welches aus primitiven Holzhallen und Holzbaracken bestand.[46]

Dieses Waldwerk wurde bis zum Kriegsende nicht von den alliierten Aufklärern entdeckt. Ein weiteres Waldwerk, in den Wäldern von Thurn und Taxis, wurde bei Mooshof gebaut. Es trug den Decknamen „Stauffen". Das Obertraublinger Werk diente daraufhin nur mehr als logistischer Hauptstützpunkt für die Flugzeugproduktion und –testung bzw. den -einsatz, zusammengebaut wurden die Flugzeuge an anderer Stelle.

Entstehung und Aufbau des Außenlagers Obertraubling

Alexandra Gerlach

„Das Lager war nicht fertig, als wir ankamen."
(Jack Wayne)

In den Jahren 1940/1941 wurden erstmals Soldaten der Sondereinheit XIII, einer Wehrmachtsstrafeinheit[47], als Arbeiter auf dem damaligem Fliegerhorst eingesetzt. Erst in den letzten Kriegsmonaten wurde, als das Konzentrationslager Flossenbürg wegen Evakuierungsmärschen aus dem Osten überfüllt war und deutsche kriegswichtige Unternehmen immer verzweifelter versuchten, noch den von Hitler propagierten deutschen „Endsieg" zu ermöglichen, das sogenannte Außenlager Obertraubling errichtet. Das Nebenlager des Konzentrationslagers Flossenbürg wurde am 20. Februar 1945 in den KZ-Akten erstmals erwähnt.[48] Laut den Angaben aus der Prozessakte Cornelius Schwanner wurde es mit ca. 600 Häftlingen eröffnet[49], 594 von ihnen sind in der Häftlingsdatenbank nachweisbar. Als Begleitung und Bewachung befehligte der Kommandoführer Schwanner 50 Personen als SS-Wachmannschaften, später kamen weitere 11 hinzu.[50]

Die überwiegend jüdischen Häftlinge unterschiedlicher Nationalitäten kamen hauptsächlich durch Evakuierungstransporte aus Auschwitz und Groß-Rosen zunächst nach Flossenbürg und bald darauf nach Obertraubling. Bei dem Lager handelte es sich um ein reines Männerlager.

Die Häftlinge wurden als Arbeiter auf dem völlig zerstörten Flugplatz eingesetzt, um die Bombenschäden zu beseitigen und eine betonierte Startbahn zu bauen.[51] Es waren aber nur noch Wenige körperlich überhaupt zu den Arbeitseinsätzen fähig, denn die bereits durch die Märsche aus dem Osten geschwächten Häftlinge litten unter Mangelernährung und völlig unzureichender Unterbringung. Außerdem hatten viele schon eine wahre Odyssee durch mehrere Konzentrationslager hinter sich und waren entsprechend ausgemergelt, erschöpft und krank.[52]

Das Außenlager Obertraubling befand sich auf dem Gebiet der damaligen Gemeinde Obertraubling. Das dörfliche Zentrum befand und befindet sich noch heute ca. acht Kilometer von Regensburg und drei Kilometer vom Fliegerhorst entfernt. Dessen Gelände gehört heute administrativ zur Stadt Neutraubling, die 1951 gegründet wurde.

Die Erkenntnisse über den Aufbau des Lagers beruhen auf Zeugenaussagen, die in einem Lageplan während des Prozesses gegen Cornelius Schwanner in den Anlagen zum Fall festgehalten wurden.[53] Die Unterkunft der Häftlinge (Nr. 1) bestand lediglich aus einem einzigen Haus, welches nur im Rohbau – ohne Dach, Fußboden, Fenster und Türen – fertiggestellt war[54] und später „Casino" genannt wurde[55], da es ursprünglich als Offizierskasino geplant war. Es blieb allerdings bis nach dem Krieg im Rohbau.[56] Stattdessen wurde eine den Offiziershäusern – den sogenannten O-Bauten – vorgelagerte Baracke als Casino verwendet.

Die Küche des Lagers (Nr. 2) schloss direkt an das Casino an und wurde von zwei Brüdern geleitet, Berec[57] und Avrum Pilla.[58] Das berichtete der Überlebende Moishe Mantelmacher: *„Es war eine etwas abseits gelegene Küche, ich erinnere mich sogar an die Namen der zwei Brüder, die die Küche geleitet haben. [...] Sie überlebten, sie überlebten. Sie arbeiteten in der Küche, also hatten sie zu essen."* Verantwortlich war der Küchenkapo Alfons Rösch, der in einem Prozess nach dem Ende des Krieges verurteilt wurde. An die Küche schloss eine Art Nebengelass mit unbekanntem Nutzungszweck an (Nr. 3). Die Toiletten (Nr. 5) und eine Waschanlage (Nr. 4) befanden sich ebenfalls direkt neben den Häftlingsunterkünften, ob sie genutzt werden konnten, bleibt fraglich.

Vor dem Hauptgebäude befand sich der Appellplatz (Nr. 6), dort mussten sich die Häftlinge jeden Morgen aufstellen, um gezählt zu werden.[59] Moishe Mantelmacher erinnerte sich: *„Jeden Morgen. Ja, Appellplatz. [...] Er war vor der Baracke, in welcher wir lebten. [...] Und sie zählten, sie zählten uns hundert Mal. Gott bewahre, dass jemand fehlte. Wir mussten manchmal 4 oder 5 Stunden dort stehen. Sie zählten weiter."*

Das komplette Lager war mit Stacheldraht umzäunt und mit Wachtürmen (Nr. 7) eingefriedet.[60] Die Messerschmitt-Produktionsstätte, in welcher Kampfflugzeuge gebaut wurden, war etwa 800 Meter vom Lager entfernt.[61] Für die zivilen Angestellten des Fliegerhorsts – Beamte und deren Familien – wurden in Obertraubling fünf Wohnblöcke errichtet und ab 1940 bezogen.[62] Die Gebäude existieren noch heute aus Neutraubling kommend linksseitig an der B15. Damals standen sie an der so bezeichneten Hermann-Göring-Straße, heute sind sie Teil der Georg-Bäumel-Siedlung.

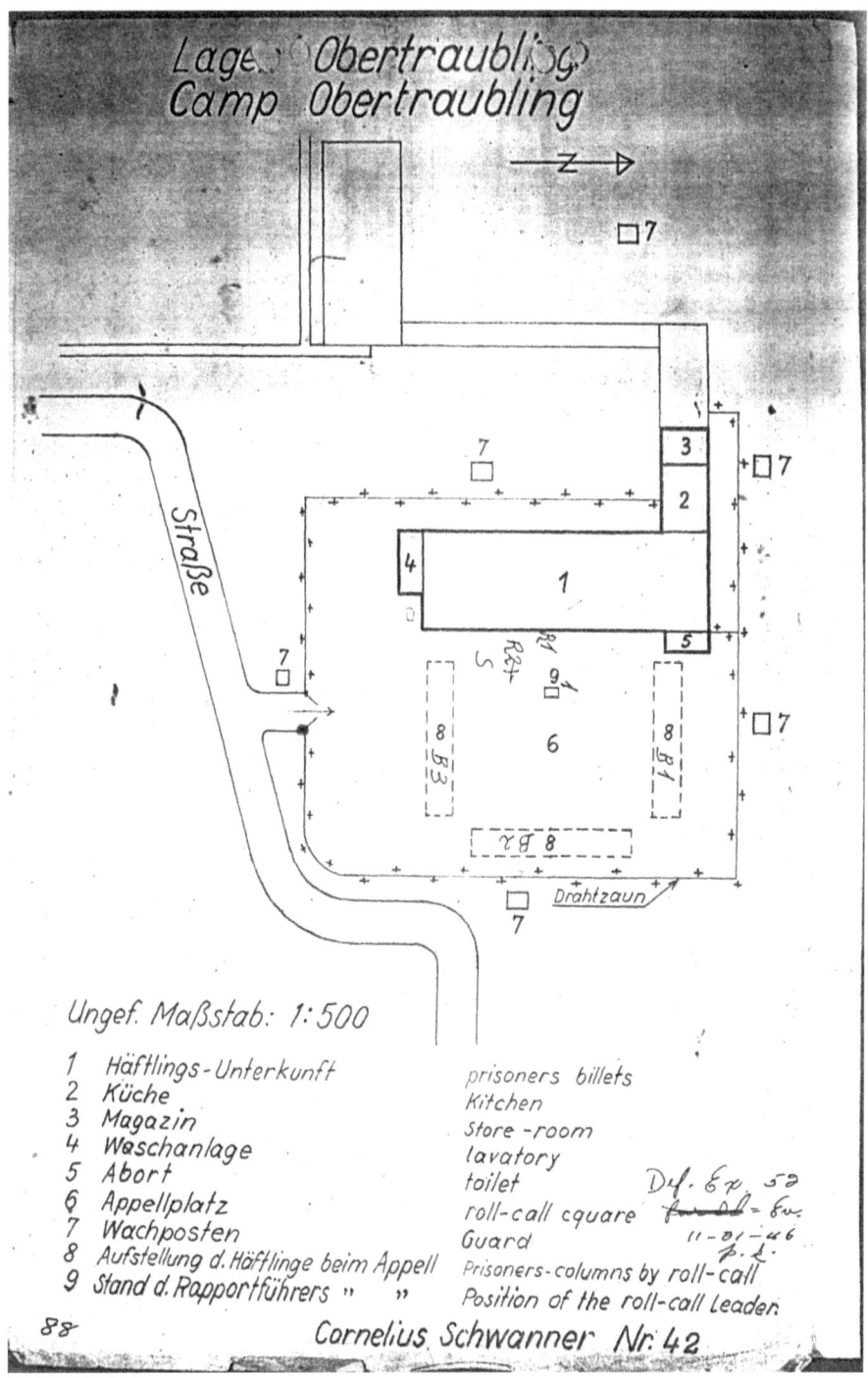

Lageplan des Außenlagers Obertraubling

Häftlinge

Alexander Parzefall

„Man hatte keine Gefühle mehr. Weil wir uns nicht mehr darum kümmerten." (Emil Kalfus)

Anzahl der Häftlinge

Bei Eröffnung des Lagers[63] waren rund 600[64] Häftlinge aus verschiedenen, aufgelösten Konzentrationslagern aus ganz Deutschland nach Obertraubling gebracht und dort inhaftiert worden. In der letzten verfügbaren Stärkeliste vom 13. April 1945 war eine Häftlingsstärke von 426 registriert. Aufgrund des Chaos der letzten Kriegsmonate ist auch hier ggf. mit leichten Abweichungen zu rechnen.

Auffällig ist jedoch eine andere Diskrepanz: Ein Häftling gab an, dass das Lager im Verlauf seiner Existenz nicht mit neuen Häftlingen aufgefüllt wurde. Daraus kann man schließen, dass es bis zum 13. April etwa 170 Tote im Lager gegeben haben muss. Prozessteilnehmer berichten zunächst von ca. 180 Personen, die mit LKW nach Dachau verbracht wurden und weiterer 130, die zu Fuß dorthin marschieren mussten. Später von 80 Fahrenden und 230 Laufenden.[65]

Damit ergibt sich zwischen dem 13. April – Stärkemeldung – und dem 16. April – Evakuierung – eine erhebliche Differenz von rund 120 Personen. Sollte die SS – wie in vielen anderen Konzentrationslagern – versucht haben, die Zeugen des Völkermordes zu beseitigen? Starben die Menschen an Hunger und Schwäche? Wir wissen es nicht.

Die Eingangsmeldung in Dachau wiederum verzeichnet nur 155 Ankömmlinge[66], was die Zeitzeugenaussagen stützt, dass von den Laufenden nur etwa 25 ankamen – die anderen waren wohl mehrheitlich an den Strapazen des Marsches gestorben. Es ist vom Fußmarsch bekannt, dass etwa 30 bis 40 Personen entkommen seien[67], über deren Verbleib man nichts Genaueres weiß. Zu vermuten wäre also, dass etwa 130 der mit LKW transportierten Häftlinge überlebt haben.

Herkunft der Häftlinge

Die Inhaftierten gehörten verschiedenen Nationen aus ganz Europa an, wobei jedoch die meisten polnischer Herkunft waren. Schließlich war Polen eines der am frühesten und längsten von den Deutschen besetzten Länder. Zudem hatte es einen sehr hohen jüdischen Bevölkerungsanteil, weshalb die Nationalsozialisten im Sinne ihrer Rassenideologie hier besonders viele Menschen deportierten und vernichten wollten.

Nationalität	Gesamtzahl	jüdisch	nichtjüdisch
Belgien	23	7	16
Deutsches Reich	25	17	8
Frankreich	37	21	16
Griechenland	8	6	2
Holland	7	7	0
Italien	16	0	16
Jugoslawien	1	1	0
Kroatien	46	0	46
Lothringen	1	0	1
Polen	222	186	36
Protektorat Böhmen u. Mähren	109	8	101
Rumänien	2	2	0
Russland	45	1	44
Slowakei	7	5	2
Spanien	1	0	1
Staatenlos	2	1	1
Ungarn	32	30	2
unbekannt	9	1	8
Dänemark	1	0	1
Gesamt	**594**	**293**	**301**

Tabelle Inhaftierte: Inhaftierte nach Staatszugehörigkeit und jüdischer Religionszugehörigkeit auf Basis der Häftlingsdatenbank

„Wenn der Krieg um 11 Uhr aus ist, seid ihr um 10 Uhr alle tot!"

Funktionshäftlinge

Manche Häftlinge nahmen eine besondere Stellung innerhalb des Lagers ein. Zum Beispiel waren deutsche Kriminelle inhaftiert, die häufiger als sogenannte Kapos dazu angehalten waren, für „Ordnung" zu sorgen. Sie beaufsichtigten die anderen Gefangenen und bestraften sie oft mit grausamer Brutalität.[68] Jack Wayne erinnerte sich: „*Eines Tages, auf dem Weg von der Arbeit ins Lager, sprang ich aus der Reihe und griff nach einem Kohlrabi oder so. So etwas wie einer Zuckerrübe. Vom Feld. Manchmal ließen die Aufseher das zu, aber ich erwischte einen furchtbaren Typ. Der schlug mich deshalb – mein Gesicht nach unten gedrückt – mit einem Spaten.*" Emil Kalfus aber beschreibt, dass niemand solche Situationen beachtet hat. Das beschreibt die alltägliche Situation im Lager am besten, denn jeder Häftling kämpfte in erster Linie um sein Überleben und man konnte auf die anderen Mitgefangenen keine Rücksicht nehmen. Die Grenze zwischen schuldhaftem Unterlassen oder Betrug versus nachvollziehbarem, aus der schieren Not geborenem Verhalten verschwimmt hier. Einige der hochrangigen Gefangenen aber wurden nach Kriegsende wegen klarer Straftaten im Lager verurteilt.[69]

Die am höchsten gestellten Gefangenen waren:

- Alfons Rösch, Lagerältester und Kapo in der Küche
- Josef Kierspel, Lagerältester, verantwortlich für die Einteilung der Häftlingskommandos[70]
- Josef Kokott, Blockältester
- Berek Pilla, Küchenhelfer
- Dr. Rot, Häftlingsarzt[71]

Von Displaced Persons zu Neubürgern

Am 16. April 1945 wurde das Lager vollständig geräumt. Die restlichen Gefangenen wurden auf einen wortwörtlich zu nehmenden Todesmarsch nach Dachau geschickt. Wer überlebte, der versuchte, ein neues Leben zu beginnen, immer mit den schrecklichen Erinnerungen im Gepäck. Viele ehemalige Häftlinge wanderten nach Israel oder in die USA aus, wo sie zum Teil heute noch leben.

Jack Terry berichtete einem Journalisten, wie seine besuchsweise Rückkehr nach Deutschland verlief: „Aus Jakub Szabmacher wird Jack Terry. Der studiert Geologie und wird 1955 bis 1957 als Soldat der US-Army in Schwetzingen stationiert. Im feinen Restaurant flöteten die Kellner: ‚Jawohl, Herr Leutnant!', erzählt Jack Terry, ‚zehn Jahre vorher war ich noch ein verfluchter Jude, ein Drecksack.' Er sagt das auf Deutsch."[72]

Lebensbedingungen

Nicole Cenkalik

„Es war das schlimmste Lager, in dem ich jemals war. Ich habe neun erlebt." (Moishe Mantelmacher)

Moishe Mantelmacher war in Plaszow, in Auschwitz, in Flossenbürg, in Dachau[73] – Lager, die jedem bekannt sind, über deren Grausamkeit kein Zweifel besteht. Und doch soll das Außenlager in Obertraubling das schlimmste gewesen sein?

Moishe Mantelmacher begründet seine Meinung damit, dass er in anderen Lagern einen hohen Grad an – vielleicht den Deutschen selbst in der grausamen Vernichtungsmaschinerie der Nationalsozialisten eigener – Organisation erlebt habe. Selbst im menschenverachtenden Umfeld der Lager sei alles bis ins Kleinste geregelt gewesen. In Obertraubling aber, in den letzten Wochen des Krieges, habe blankes Chaos geherrscht.[74]

Die Situation der Häftlinge des KZ-Außenlagers muss im Februar 1945 schrecklich gewesen sein. Sie waren in einem zweistöckigen Rohbau, der ein Offizierscasino werden sollte – einem Gebäude ohne Dach, Fenster und Türen –, untergebracht. Kälte und Krankheit, Hunger und Verzweiflung in einer Form, die unvorstellbar ist – all das war alltäglich.[75] Über die Ankunft im Lager wird beispielsweise berichtet: *„Wir wurden in einem Riesenraum untergebracht, in dem weder Fußboden und Dach gewesen war, keine Fensterrahmen in den Wänden und kein Ofen. Wir hatten weder Pritschen noch Betten noch Platz dafür. Wir übernachteten stehend – aneinandergepfercht. Die ersten Tage bekamen wir überhaupt keine Verpflegung, der Lagerführer erklärte wiederholte Male: ‚Sie sollen verrecken, es gibt kein Essen ohne Arbeit.' Doch die erste Zeit wurden wir gar nicht zur sogenannten Arbeit geführt. Wir hatten in den ersten Tagen überhaupt kein Wasser. Wir tranken aufgetauten Schnee. Erst nach etwa 10 Tagen wurde eine Küche errichtet, bis dahin bekamen wir, nach Ablauf einiger Tage, etwas zum Essen von außen."*[76]

Die Lagerverhältnisse waren äußerst schlecht. Es gab keinen ausreichenden Schutz vor der kalten Witterung, da die Behausung notdürftig und primitiv war. Diese Umstände führten dazu, dass eine große Zahl von Gefangenen erkrankte. Zwar wird ein gewisser Herr Rot als Häftlingsarzt geführt[77], diesem standen jedoch weder Krankenrevier noch Medikamente zur Verfügung. Von Überlebenden wird seine Existenz nicht einmal bestätigt. Moishe Mantelmacher berichtet: *„Es gab keinen Krankenbau! Es gab keinen Doktor! Es gab rein gar nichts. Man ging dorthin, um zu sterben."*[78]

Aufgrund dieser Umstände starben allein etwa 250 Häftlinge an Fleckfieber, Lungentuberkulose oder an der Ruhr, die in einem epidemischen Ausmaß grassierte.[79] Bereits 41 Tage nach der Öffnung des Außenlagers waren von den anfangs etwa 600 Lagerinsassen nur noch 484 übrig.[80] Trotzdem war das Außenlager hoffnungslos überfüllt. Aufgrund der unfassbaren äußeren Bedingungen wurden ständig aus mehreren Häftlingen bestehende Bestattungskommandos gebildet. Die Verhältnisse – sofern das überhaupt noch möglich war – verschlechterten sich im Laufe der Lagerexistenz noch dramatisch.[81]

Cornelius Schwanner, Kommandoführer des KZ-Außenlagers Obertraubling, bezeugte in seiner Anhörung selbst, dass die Verpflegungsmenge für die Häftlinge unter der Vorschrift lag.[82] Es war seine Aufgabe, sich darum zu kümmern, er hatte jedoch weder Möglichkeiten noch das geringste Interesse daran.

Schwanner war unter den Gefangenen für seine Ungerechtigkeit bekannt. Er ließ sich Tötungen in mehreren Fällen zu Schulden kommen, die ihm im Prozess nachgewiesen werden konnten. Drei Gefangene wurden beispielsweise wegen eines nicht erinnerlichen Versehens im Lager erschossen. Ein anderer wurde mit einer Pistole erschlagen. Schwanner gestand die Tat. Er wurde nach dem Krieg im Dachauer Flossenbürg-Prozess zum Tode verurteilt und am 15. Oktober 1948 in Landsberg am Lech hingerichtet. Dem Bericht zufolge war Schwanner sich keiner Schuld bewusst.

Bei der genannten Anhörung stellte sich auch heraus, dass in Obertraubling etwa acht Kapos tätig waren. Die Häftlinge wurden von ihnen in Gruppen unterteilt, die je 50 Männer umfassten. Diese wurden dann von einem der Kapos geführt – je nach Nationalität. Ein Pole gehörte der polnischen Gruppe an, ein Tscheche den tschechischen Gefangenen. Je nach Sprache gab es den dazu „passenden" Kapo. Diesen Kapos war es im Lager angeblich untersagt, die Häftlinge zu schlagen.[83] Trotzdem wurde rohe Gewalt ausgeübt. Offiziell waren dem Kommandoführer angeblich nur zwei Berichte über solche Vergehen bekannt: Ein jüngerer Blockführer solle andere mit einem 40 bis 50 cm langen Stock auf deren Finger, Schultern oder Köpfe geschlagen haben. Dieser sei – so die Aussage Schwanners – entlassen worden. Später sei ihm, Schwanner, ein weiterer Fall gemeldet worden, der besagte, ein Führer namens Arendt schlüge Häftlinge mit seiner bloßen Hand. Über eine Bestrafung dieses Kapos ist nichts bekannt.[84] Es ist zu bezweifeln, dass jene Angaben zur Bestrafung der Wahrheit entsprechen, doch erlauben sie einen Blick auf die alltägliche Folter. Aufgrund all dieser schrecklichen Vorkommnisse und der schrecklichen äußeren Bedingungen wurden mehrere Fluchtversuche im Außenlager Obertraubling unternommen.[85]

Nicht bekannt war – wohl weil nur im Prozess als Entlastungsstrategie ausgedacht –, dass nach Aussage Cornelius Schwanners den Gefangenen die Möglichkeit gegeben war, sich über Misshandlungen zu beschweren. In seiner Anhörung sagte Schwanner allerdings aus, es sei ihm kein einziger Vorfall berichtet worden. Auch von der Tatsache, es hätte jemand eine Beschwerde vorgehabt, habe er nie etwas mitbekommen.[86] Diese Aussage muss für die Überlebenden des Lagers als blanker Hohn erscheinen, war doch Obertraubling aufgrund der Lebensbedingungen eines der menschenunwürdigsten Lager.

Arbeit und Tagesablauf

Lukas Fischer

„Da war ein furchtbarer Typ. Gnadenlos schlug er mich: ‚Aufstehen, du jüdischer Hund!'" (Jack Wayne)

Die Hauptaufgaben der Gefangenen waren Planierungsarbeiten für die Start- und Landebahnen des Flugplatzes, das Legen von Panzerfallen, das Anlegen von Gräben und vor allem die Ausbesserung von durch Bomben entstandenen Kratern und anderen Schäden auf dem Flugplatz und bei der Messerschmitt GmbH.[87] Die Arbeit war in Wahrheit nur ein Mittel zur physischen Vernichtung der Häftlinge. Sie hatte nicht einmal immer praktischen Wert. So waren die Häftlinge gezwungen, beispielsweise „Planierungsarbeiten" durchzuführen, bei denen sie an einem Tag den Boden nach links und am nächsten Tag wieder nach rechts zu tragen hatten.[88] Auch die SS-überwachten Märsche vom Lager zu den zwei bis fünf Kilometer entfernten Außenarbeitsplätzen, wie den teils zerbombten Messerschmittwerken oder der zu planierenden Startbahn, trugen zur langsamen Vernichtung der Häftlinge bei. Die Arbeiten der Häftlinge waren nicht nur durch die ständige Bombardierung von den Amerikanern und die fehlende Schutzkleidung lebensgefährlich, auch die anhaltenden Misshandlungen durch die SS-Aufseher machten das Leben der Häftlinge unsicher.

Der Tagesablauf war jeden Tag gleich: Zuerst wurden die Häftlinge auf dem Appellplatz gezählt. Falls ein Häftling floh, mussten seine Mithäftlinge bis zu dessen Festnahme auf dem Appellplatz stehen, was witterungsunabhängig mehrere Stunden dauern konnte.[89] Normalerweise wurden die Inhaftierten morgens nach dem Appell zu ihrer Arbeit gebracht und am Abend erneut gezählt. Was hier allerdings organisiert klingt, war in Wirklichkeit das genaue Gegenteil. So waren im Lager im Februar 1945. als die ersten Häftlinge eintrafen, weder die Gebäude fertiggestellt noch für eine medizinische Versorgung gesorgt und auch die Nahrungsversorgung noch nicht geregelt.[90] Jeder Häftling erhielt pro Tag nur „100 Gramm Brot, 10 Deka Brot und ungefähr einen halben Liter Suppe"[91]. Diese radikale „Diät" forderte täglich viele Tote, deren Anzahl durch die fehlende medizinische Versorgung und ausbrechende Epidemien noch stark

erhöht wurde. Viele Häftlinge überlebten nur, indem sie Gras oder Insekten verspeisten.[92] Hinzu kam, dass es sogar manche Häftlinge in der Küche gab, die anstatt eines halben Liters Suppe nur einen Viertel Liter ausgaben[93] und durch die entstandene Differenz Profit machten, um ihr eigenes Überleben zu sichern.[94] Auch Kleidung zum Wechseln oder Wasser für die Körperpflege waren im Konzentrationslager nicht vorhanden, wie Moishe Mantelmacher berichtete: *„Weil sich niemand duschen konnte, kein Wasser, 68 Tage lang. Mit derselben Kleidung hast du geschlafen, mit derselben Kleidung waren wir arbeiten, mit derselben Kleidung kamen wir heim!"[95]*

Wegen der massiven Bombardierung des Lagers wurde die Flugzeugproduktion größtenteils in die Waldwerke „Stauffen"[96] und „Gauting"[97] verlegt.[98] Ob dort neben Zwangsarbeitern auch KZ-Häftlinge eingesetzt wurden, ist nicht sicher zu belegen. Nicht die fortdauernde Bombardierung des Fliegerhorsts, sondern erst der Panzeralarm in der Nacht vom 22. zum 23. April 1945 hielt den Betrieb in den Messerschmittwerken auf. Denn ab diesem Tag wurde ein großer Teil des Personals, vor allem Zivilisten, aber auch die meisten Soldaten, abgezogen. In der Nacht vom 25. zum 26. April 1945 wurde auf dem Flugplatz Munition und anderes gesprengt. Dieses schreckliche Schauspiel und die dröhnenden Detonationen wurden sogar von den Anwohnern sehr stark wahrgenommen – die Erde bebte, große Feuerzungen traten auf.[99] Dies beendete die Arbeit im Lager fast vollständig. Die Häftlinge waren fortan aber nur noch mehr gefährdet, denn in die Hände der Alliierten sollten sie nicht fallen. Zu Moishe Mantelmacher sagte ein Kapo: *„Ihr Stinkjuden! Ihr denkt, ihr werdet den Krieg überleben? Wenn der Krieg fertig ist um 11 Uhr, seid ihr um 10 Uhr alle fertig."[100]*

Nach der Befreiung des Geländes des Außenlagers Obertraubling – in dem allerdings zu jenem Zeitpunkt keine Häftlinge mehr waren – sah man, dass von dem ehemaligen KZ-Gelände lediglich Ruinen und Bombentrichter übrig waren.

Hygienische Bedingungen und Krankheiten

Theresa Märkl

„Wenn du krank wurdest, gab es da einen kleinen Raum – du gingst hinauf und kamst niemals wieder herunter." (Henry Stahlberger)

Hygienische Bedingungen

Anfangs waren noch etwa 600 Gefangene im Außenlager Obertraubling. Viele davon kamen schon geschwächt an. Diese waren zwar meist nicht akut erkrankt, aber dennoch durch ihren Leidensweg durch verschiedene Ghettos und KZ so mitgenommen, dass sie nicht fähig waren zu arbeiten. Doch die katastrophalen hygienischen Bedingungen, mangelnde Verpflegung, unmenschliche Unterkünfte und vor allem kaum medizinische Versorgung ließen die Anzahl erkrankter und sterbender Häftlinge förmlich explodieren.[101]

Epidemien

Schon wenige Tage nach Ankunft, am 22. Februar 1945[102], trat der erste Fall von Ruhr auf, am vierten Tag der Epidemie waren es schon beinahe 200 Menschen, die sich nicht nur mit Ruhr, sondern teilweise auch mit Typhus und Fleckfieber infiziert hatten.[103] Für die kranken Gefangenen gab es kaum eine Chance, wieder zu Kräften zu kommen, denn die Nahrung, die sie bekamen, bestand nur aus Wasser, etwas Brot und einer Suppe, die diesen Namen nicht verdiente. Häftlinge, die zu schwach und krank waren, weiter zu arbeiten oder andere Dienste zu übernehmen, wurden - im günstigsten Fall – in ein „Krankenzimmer" gebracht. Dies muss man sich wohl als Platz vorstellen, an dem die Häftlinge liegen konnten, meist einfach bis sie starben, denn es kümmerte sich niemand um sie. Henry Stahlberger, der unter Diarrhöe litt und in das Krankenzimmer kam, berichtete: *„Ein Stück Brot, eine Tasse Suppe gab es nicht mehr für mich – sie hielten mich für tot und behielten die Rationen ein."*[104] Der ehemalige Häftling Jack Wayne erinnerte sich: *„In diesem Lager wurde ich ernsthaft krank. Ich wurde auf die Krankenstation verlegt. Das Lager wurde aufgelöst und die schwer Kranken, so wie ich, wurden in Lastwagen nach Dachau befördert."*[105]

Andere aber wurden so lange malträtiert, beispielsweise mit Gewehrkolben geschlagen, dass sie dadurch starben.[106]

Berichtswesen

Es gab angeblich wöchentliche Berichte an das Stammlager in Flossenbürg über die Krankheitssituation im Außenlager. In diesen wurden die Gesamtsterblichkeitsrate und der Grund für jeden Todesfall genannt; es wurde aufgelistet, wer an Infektionskrankheiten starb, wer durch Arbeitsunfälle ums Leben kam und, laut der Aussage von Cornelius Schwanner, welche Medikamente man dringend zur Behandlung benötigte. Der Kommandoführer im Außenlager Obertraubling berichtete in seinem Prozess auch, dass er sich oft vergeblich um bessere medizinische Versorgung bemüht habe, er habe außerdem am 8./9. April den Arzt Dr. Geiger aus Flossenbürg geholt, um eine medizinische Versorgung der Häftlinge zu gewährleisten. Die überlebenden Häftlinge berichteten im Interview anderes, einer zeigte sich sogar sehr erstaunt angesichts der Vermutung, es könnte irgendeine Form von ärztlicher Hilfe gegeben haben: *„Sie müssen scherzen! Dort gab es nichts! Es gab nicht einmal eine Handvoll Wasser, um sein Gesicht zu waschen. Es gab keinen Krankenbau! Es gab keinen Doktor! Es gab rein gar nichts. Man ging dorthin, um zu sterben. Das war's. Sie brachten dich nicht um, du bist von alleine gestorben!"*[107] SS-Hauptscharführer Schwanner unternahm – entgegen seinen Beteuerungen – wohl nichts in dieser Hinsicht, auch ist ernsthaft zu bezweifeln, dass ihn der Zustand der Häftlinge überhaupt interessierte. Es wird sich eher um eine Verteidigungsstrategie im Prozess gehandelt haben, die ihn zu dieser Aussage bewog.

Durch diese Epidemien starben rund 250 Gefangene, hierfür wurden extra Bestattungskommandos eingerichtet, die die Leichen der Häftlinge in Massengräber brachten.[108] Krankheiten waren wohl im Außenlager Obertraubling die entscheidende Bedrohung der durch die NS-Verfolgungsmaßnahmen bereits völlig geschwächten Inhaftierten, wie sich der Überlebende Emil Kalfus erinnerte: *„Man durfte nicht krank werden. Wenn du krank wurdest, warst du am Ende. Die meisten Leute starben wegen Hunger oder Krankheiten, sie wurden krank und starben."*[109]

Der Todesmarsch

Andreas Gröschl

„Nur eine Handvoll hat es geschafft." (Jack Wayne)

Der Anfang vom Ende

Die Wende des Krieges zeigte sich in Obertraubling und Umgebung spätestens mit dem ersten amerikanischen Luftangriff auf den Flugplatz am 22. Februar 1944, der noch abgewehrt werden konnte. Allerdings ereignete sich drei Tage später, für alle überraschend, der nächste Angriff. Von allen Seiten griffen die Alliierten mit 220 US-Bombern an. Zuerst zerstörten sie die Eisenbahnflanke in Obertraubling, danach nahmen sie den Flugplatz und schließlich das gesamte Flugplatzareal ins Visier. Im Juli 1944 flogen dann 200 bis 300 Bomber der US-Luftflotte von Osten an den Flugplatz heran und warfen 6.000 Spreng- und Brandbomben[110] ab. Der Flugplatz wurde schwer zerstört und brannte viele Tage lang. Es folgten viele weitere Bombardements.

Die Arbeit der Häftlinge im Außenlager Obertraubling, errichtet im Februar 1945, diente der Beseitigung der Spuren dieser Bombenangriffe. Durch Bombenabwürfe im Januar, Februar und Anfang April 1945 wurde die Endmontage der Messerschmitt-Flugzeuge völlig lahmgelegt. Der Fliegerhorst glich einem einzigen Trümmerfeld. Für die Insassen des KZ-Außenlagers bedeutete dies neben der Angst, durch ein solches Bombardement ums Leben zu kommen, auch Hoffnung darauf, dass die Alliierten immer näher kamen. Moishe Mantelmacher, ein ehemaliger Häftling, antwortete auf die Frage: *„Haben Sie bemerkt, dass die Amerikaner in der Nähe von Obertraubling waren?"[111] „Oh ja, oh ja. Die Flugzeuge kamen zweimal am Tag. Sicher, das haben wir bemerkt, oh ja."* Und weiter: *„Haben Sie gewusst, dass das Freiheit für Sie bedeutet?" „Selbstverständlich. Was sollte es denn anderes bedeuten als Freiheit!"[112]*

Langsam, für viele der entkräfteten Häftlinge jedoch immer noch zu langsam, näherte sich an allen Fronten das Kriegsende. Am 27. April 1945 – das Lager war zuvor hektisch evakuiert und die Häftlinge auf einen Todesmarsch getrieben worden – nahmen die

Truppen der 65. Amerikanischen Division den Flugplatz ohne Gegenwehr ein.[113]

Todesmärsche

Mit den Todesmärschen von KZ-Häftlingen verfolgte die SS in der Endphase des Zweiten Weltkriegs zwei Ziele: Zum einen wollte sie die Beweise ihrer Verbrechen in den Konzentrations- und Vernichtungslagern den heranrückenden alliierten Truppen durch die Beseitigung der Opfer entziehen, zum anderen versuchte sie zumindest einen Teil der Arbeitskräfte (Häftlinge) für andere Lager zu erhalten.[114]

Insgesamt waren im Januar 1945 700.000 Häftlinge in den Konzentrationslagern der Nationalsozialisten inhaftiert, bei den Todesmärschen starb rund ein Drittel, ca. 250.000 Häftlinge. Viele bezeichnen die Todesmärsche als letztes Glied der Vernichtungskette gegenüber den europäischen Juden, allerdings nicht nur gegenüber den Juden, sondern auch gegenüber nichtjüdischen Menschen aus der Sowjetunion, Polen, Tschechien, Frankreich, Belgien, Ungarn und Deutschland. Zuerst, im Januar 1945, wurden die großen Lager im Osten, wie Auschwitz, Groß-Rosen und Stutthof, geräumt. Die Häftlinge und Aufseher flüchteten vor der Roten Armee bei Eiseskälte, ohne Nahrung und ohne schützende Kleidung für die Inhaftierten. Die Flucht war reine Improvisation. Bis zum April 1945 wurden fast alle Konzentrationslager geräumt, unter anderem das KZ Flossenbürg und auch sein Außenlager Obertraubling.

Der Todesmarsch von Obertraubling nach Dachau

„Am 23. oder 24. April 1945 wurde ein Zug Gefangener – von deutschen Soldaten bewacht – durch unsere Gemeinde [Gebelkofen, Anm. d. Verf.] geführt. Weg von Obertraubling nach Bad Abbach. Die Nationalität der Gefangenen konnte nicht festgestellt werden. Es könnten auch KZ-ler gewesen sein"[115], vermerkt ein Brief des Bürgermeisters von Gebelkofen am 11. März 1946 an den Landrat Regensburg auf Anfrage betreffend Suchaktionen nach „Staatsangehörigen der Vereinten Nationen". Offensichtlich gab es mindestens ungenaues Wissen über den Todesmarsch, waren einzelnen Menschen die Gefangenen aufgefallen.

Am 16. April 1945[116] wurde auch das Lager in Obertraubling geschlossen. 180 kranke Häftlinge wurden am selben Tag mit LKWs nach Dachau transportiert, die übrigen 130 brachen am 18. April auf und kamen am 24. April 1945 in Dachau an. Auf dem Marsch soll einer Gruppe von 30 bis 40 Insassen die Flucht gelungen sein. Henry Stahlberger war einer derjenigen, die flohen: *„Ich sah eines Abends, dass keine Wache an meiner Seite war, also rannte ich davon. [...] Ich lief und lief und lief. Ich schlief nachts. Ich wusste nicht, wo ich hingehen sollte. Ich konnte nur zu einem deutschen Bauernhof gehen und fragen, ob ich dort arbeiten könnte. [...] Ich kam zu einem. Zwei Mädchen waren davor. Ich sprach deutsch, sie sprachen deutsch. Ich erzählte ihnen, ich käme aus der Ukraine und meine Fabrik sei bombardiert worden und ich würde nach Arbeit suchen. Sie liefen zum Besitzer. Er sagte: Bringt ihn in den Stall. [...] Ich trug Zivilsachen, die hatte ich mir in allen Lagern bewahrt. Das war am 29. April. Ich hatte großen Hunger. Da gab es Hühner und ich wollte schon die Eier nehmen. Aber das wäre Diebstahl gewesen und ich wollte das nicht tun. Am Morgen kamen die zwei Mädchen und gaben mir eine Portion: ein Stück Brot, ein Glas Milch, Käse. Die Amerikaner waren nicht mehr weit."*[117]

Es herrschten furchtbare Bedingungen auf dem Marsch, wie der ehemalige Insasse Moishe Mantelmacher bestätigte: *„kein Essen [...]. Ich ging nackt und ich hatte einen BH"*[118], den er irgendwo gefunden hatte und benutzte, um Nahrungsmittel zu transportieren.

Die Route des Todesmarsches führte durch kleine Ortschaften, Felder und Wälder, da die SS kein Aufsehen erregen wollte. Ebenfalls erzählte der Zeitzeuge: *„Sie [Die Wachen] waren nicht schlimm, wissen Sie, sie hielten die Gewehre so, sie hatten ja Befehle, aber ohne zu schießen oder so, wissen Sie."*[119] Es ist anzunehmen, dass die Wachen Angst hatten, bald selbst verhaftet zu werden. Sie wollten sich vielleicht Alibis verschaffen, um so einer möglichen hohen Strafe zu entkommen.

Als die Häftlinge nach Tagen des Marsches in Dachau ankamen, waren von den einst 130/230 nur ca. 25 Häftlinge am Leben. Der Rest war geflüchtet oder gestorben. Moishe Mantelmacher meinte: *„Wir waren 22 oder 27, als wir nach Dachau kamen."*[120] (Der Zeitzeuge erinnerte sich nicht mehr an die genaue Anzahl.) Diejenigen, die in Dachau ankamen, hatten noch mehr abgenommen und waren dem Tod meist näher als dem Leben, wie sich Herr Mantelmacher weiter erinnerte: *„Als ich nach Dachau kam, wog ich 68 Pounds [30,9 Kilogramm, Anm. d. Verf.]. Ich war 19 Jahre alt."*[121]

Im Konzentrationslager Dachau ging es den Häftlingen zwar offensichtlich besser als in Obertraubling – wenn man in einem KZ überhaupt von „besser" oder „gut" sprechen kann –, doch den Nationalsozialisten und deren Vorhaben, alle KZ-Insassen umzubringen, waren sie noch nicht entronnen. Moishe Mantelmacher berichtete: *„In Dachau haben sie uns gut behandelt, Dachau war ein organisiertes Konzentrationslager. Sie gaben dir ein Bett zum Schlafen, sie gaben dir ein Betttuch, Dachau war gut."*[122] Am 29. April 1945 befreiten amerikanische Truppen die Überlebenden, und die grausamen Monate und Jahre, so könnte man meinen, seien vorbei gewesen. Doch der Überlebende Jack Terry beispielsweise empfand dies anders: *„Ich wurde überwältigt von der Traurigkeit über den Verlust. [...] Es gab niemanden mehr aus meiner Familie. Ich wusste nicht, wem ich trauen sollte. Nein, ich empfand keine Freude über die Befreiung. Das Gefühl, einen Neuanfang wagen zu können, stellte sich erst nach und nach ein."*[123]

Alle Wut der jahrelang Entrechteten richtete sich gegen die im Lager verbliebenen Helfer der Nationalsozialisten, wie sich Moishe Mantelmacher erinnerte: *„Und dann begannen all diese Probleme, da die meisten Kapos Deutsche mit grünem Winkel waren, und die Gefangenen, mit denen ich war, diese töteten eine Menge von Lagerkapos – deutsche Kapos – wissen Sie."*[124]

„Wenn der Krieg um 11 Uhr aus ist, seid ihr um 10 Uhr alle tot!"

Historische Bilddokumente

Bild 1: Moishe Mantelmacher, Überlebender des Außenlagers (1946)

Bild 2: Emil Kalfus, Überlebender des Außenlagers (1946)

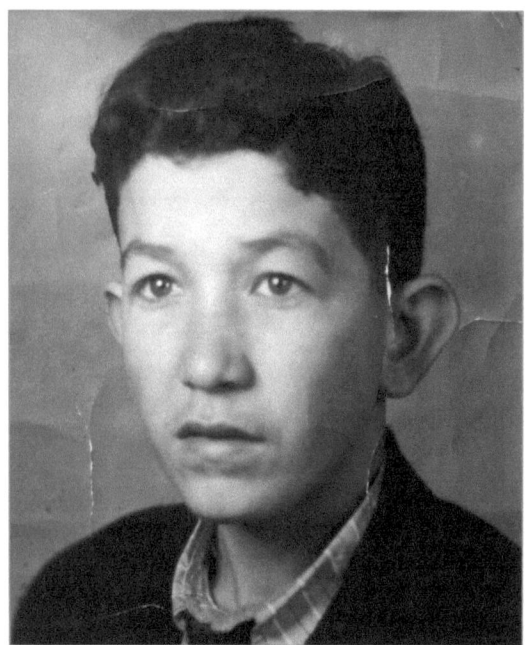

Bild 3: Bernard Kalfus, Überlebender des Außenlagers (1946)

Bild 4: Rund um das Konzentrationslager Flossenbürg befanden sich Wachtürme, die teilweise bis heute baulich erhalten sind.

„Wenn der Krieg um 11 Uhr aus ist, seid ihr um 10 Uhr alle tot!"

Bild 5: Die montierten Flugzeuge wurden auf Gleisen aus den Waldwerken „Gauting" und „Stauffen" zum Flugplatz Obertraubling gebracht.

Bild 6: Die Familie Kirsch-Puricelli besaß einen Teil des Landes, das für den Fliegerhorst genutzt wurde. (vor 1936)

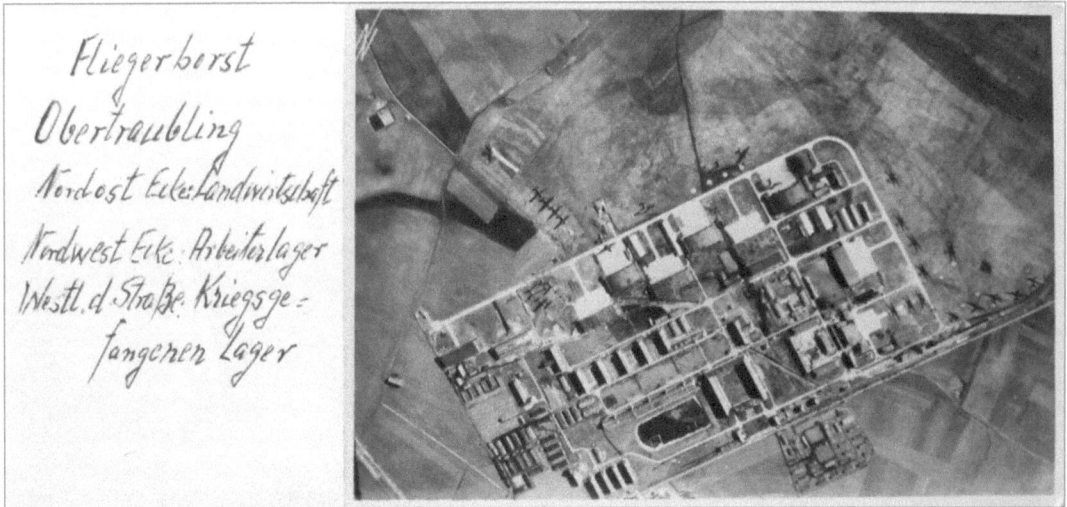

Bild 7: Die Familie von Gerhard Schulz wohnte zeitweilig auf dem Fliegerhorst. Im privaten Fotoalbum findet sich auch dieses Luftbild, das auch ein „Arbeiterlager" auf dem Gelände verzeichnet.

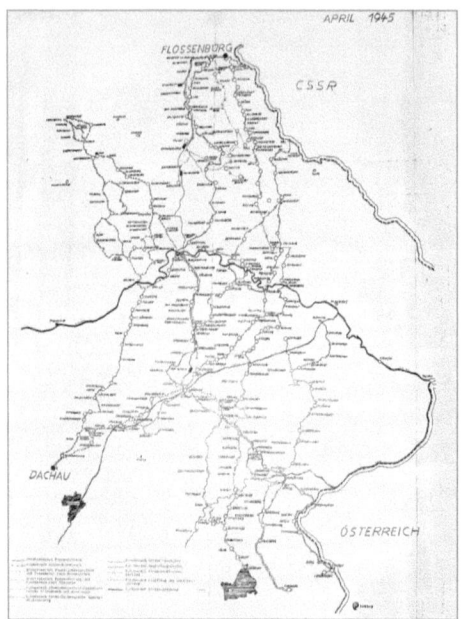

Bild 8: Buchführung der Vernichtung: Der Auszug aus den Häftlingslisten Flossenbürg zeigt die Zu- und Abgangsmeldungen aus den Außenlagern und dem Stammlager (13./14.4.1945).

Bild 9: Beim Luftangriff am 25.2.1944, in der sogenannten „Big Week", wurde der Fliegerhorst stark beschädigt.

Bild 10: Vom Stammlager Flossenbürg und seinen Außenlagern gingen zahlreiche Todesmärsche, meist in Richtung des KZ Dachau, aus.

Bild 11: Im letzten Kriegsjahr schleppten sich überall, wie hier in Bayern, von SS getriebene Kolonnen von Häftlingen durch Deutschland.

„Wenn der Krieg um 11 Uhr aus ist, seid ihr um 10 Uhr alle tot!"

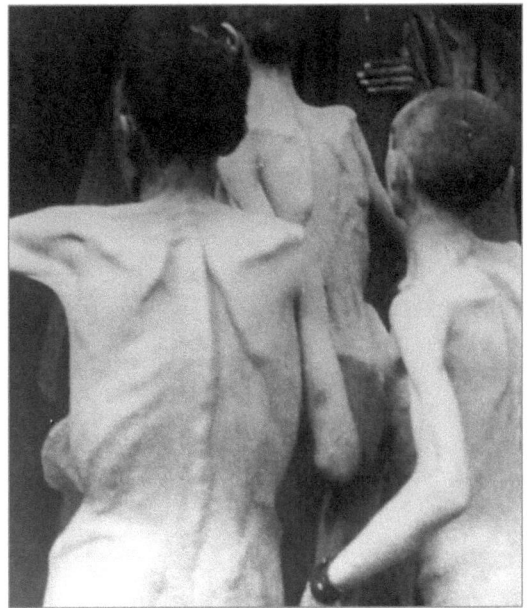

Bild 12: Die Überlebenden, hier im Konzentrationslager Dachau, waren am Ende ihrer Kräfte.

Bild 13: Ab Sommer 1946 wurden auch Verantwortliche des Außenlagers Obertraubling zur Rechenschaft gezogen. Im Dachauer Flossenbürg-Prozess wurden einige angeklagt.

Bild 14: Cornelius Schwanner war der Lagerkommandant des Außenlagers. Er wurde zum Tode verurteilt.

Bild 15: Gewöhnliche Dorfansichten aus dem Dritten Reich zeigt dieser Postkarten-Ausschnitt aus Obertraubling. (1936)

Bild 16 und 17: Luftwaffenhelfer bedienten die Flak-Geschütze. Diese waren zwischen Piesenkofen und Oberhinkofen zur Abwehr von Fliegerangriffen auf den Fliegerhorst installiert. (1944)

Bild 18: Auch traditionelle Feste wurden weiter begangen, das Maibaumaufstellen in Obertraubling gehörte dazu. (1934/35)

Bild 19: Vor der Gaststätte Maurer in Piesenkofen traf man sich wie eh und je, nun oft in Uniform. (1944)

„Wenn der Krieg um 11 Uhr aus ist, seid ihr um 10 Uhr alle tot!"

Bild 20: Was die Neuankömmlinge auf dem ehemaligen Fliegerhorstgelände erwartete ...

Bild 21: Die Neudeker Straße, heute eine Hauptstraße der Stadt Neutraubling, war zuvor eine Rollbahn gewesen. (1951)

Bild 22: Von 1950 bis 1956 bestand in unmittelbarer Nähe des ehemaligen Außenlagergeländes ein KZ-Friedhof. Das Tor zeigte Davidstern und Christusmonogramm.

Bild 23: Das nicht vollendete Casino-Gebäude (links) wurde abgerissen und das Kellergewölbe durch Tieferlegung des heutigen Rathausplatzes freigelegt.

Bild 24: Heute befindet sich das Restaurant „Ratskeller" im ehemaligen Kellergewölbe des Casinos.

Bild 26: Da jedoch Baumaterial Mangelware war, wurden auch Ruinen genutzt, so die der Kommandantur für die katholische Kirche Neutraubling.

Bild 25: Viel blieb nach den Fliegerangriffen von der Kommandantur nicht übrig.

„Wenn der Krieg um 11 Uhr aus ist, seid ihr um 10 Uhr alle tot!"

Bild 27: Auch die O-Bauten blieben teilweise erhalten und konnten wieder aufgebaut werden.

Bild 28: Heute befinden sich Wohnungen in den ehemaligen O-Bauten.

Bild 29: 2006 wurde nach vielen Jahren des Vergessens ein Gedenkstein für die Opfer des Außenlagers in Neutraubling enthüllt.

Bild 30: Seit 1964 gibt es ein Ehrenmal zum Gedenken an die Opfer des Krieges. Die Häftlinge sind hier nicht erwähnt.

Bild 31: Auf dem KZ-Friedhof stand von 1950 bis 1956 ein schmiedeeisernes Kreuz mit der Aufschrift „Ruhet in Frieden".

Bild 32: Heute befindet sich das mehr als 5 Meter hohe Kreuz auf dem städtischen Friedhof Neutraubling. Nach langen Jahren der Nicht-Kennzeichnung seiner Herkunft erklärt heute eine Rundgangstafel die ursprüngliche Bedeutung als Mahnmal für die Toten des Außenlagers Obertraubling.

Der Umgang mit der
Vergangenheit

Die Prozesse – Gerechtigkeit für begangenes Unrecht?

Miriam Betz

„Wiedergutmachung: Was ist das für ein Wort? Man kann das nicht wiedergutmachen." (Alexander Laks)

Die Nürnberger Prozesse, welche zwischen dem 20. November 1945 und dem 1. Oktober 1946 stattfanden, gewannen internationale Aufmerksamkeit und wurden zum Symbol der Gerechtigkeit, die gleichwohl keine Wiedergutmachung sein konnte. Auf der Anklagebank fanden sich berüchtigte Kriegsverbrecher und NS-Funktionäre, wie zum Beispiel Reichsmarschall Hermann Göring und der letzte deutsche Rüstungsminister, Albert Speer. Von den 24 Angeklagten wurden 12 zum Tode verurteilt, einige weitere bekamen lebenslange Haftstrafen.

Diesem Meilenstein der Rechtsprechung, durch welchen einige der größten NS-Verbrecher gerichtet wurden, folgten weitere Prozesse, in denen auch einige der „kleineren" Verbrecher des Dritten Reiches vor Gericht gebracht wurden. Vom 12. Juni 1946 bis zum 22. Januar 1947 fand auch ein Prozess für die Verbrecher des Konzentrationslagers Flossenbürg und dessen Außenlager, darunter auch Obertraubling, statt.

SS-Prozesse

Wie bei vielen weiteren Konzentrationslagern wurden nur ein geringer Anteil der Wachmannschaften und der Führer des Außenlagers Obertraubling dem Richter vorgeführt. Die Anzahl der Verhafteten ist wesentlich kleiner als die des bekannten Bewachungspersonals. Dies ist zum Teil darauf zurückzuführen, dass zu wenig über die Aufseher bekannt war, noch mehr jedoch darauf, dass es Vielen gelang, sich dem Zugriff der Amerikaner zu entziehen.[125] Die Erkenntnisse, welche über besagte SS-Angehörige gewonnen werden konnten, beschränkten sich meist auf Namen und Funktion.[126] Zusätzliche Informationen, wie Rang, Geburtsdatum oder Aufenthaltsort, blieben den Ermittlern oft unbekannt. Der Kommandoführer des Außenlagers Obertraubling, SS-Hauptscharführer Cornelius Schwanner, konnte verhaftet werden.

Der Prozess gegen 51 SS-Angehörige und Funktionshäftlinge des KZ Flossenbürg begann im August 1946 in Dachau. Cornelius Schwanner selbst wurde ab Ende November 1946 vernommen. Unter anderem war der SS-Hauptscharführer angeklagt, Häftlinge erschossen und erschlagen zu haben, sowie bei der Hinrichtung des Häftlings Fedorenko im Außenlager Johanngeorgenstadt am 8. September 1944 mitgewirkt zu haben. Trotzdem also die Verbrechen Schwanners in mehreren Konzentrationslagern klar waren, mussten ihm einzelne, konkrete Tötungsdelikte vorgeworfen werden können, um ihn bestrafen zu können. Obwohl Cornelius Schwanner versuchte, sich als humaner Kommandoführer, welcher sich bemühte, die Lebensbedingungen der Gefangenen irgendwie zu verbessern, darzustellen[127], gelang es ihm nicht, gegen die umfassende Beweislage anzukämpfen und wurde somit am 21. Januar 1947 zum Tode verurteilt.

Bereits einen Monat später erreichte das US-Gericht ein Brief der Gattin des Verurteilten: „Schuldig sind die, die das Lager ohne Arzt und Medikamente ließen"[128], schrieb diese. In ihrem Brief, der die Tötungsdelikte Schwanners außer Acht ließ, bat sie um Gnade, da ihr Mann als Einzelner nicht für die katastrophalen Bedingungen im Außenlager Obertraubling verantwortlich gemacht werden könne.

Dass allerdings keinerlei Nachweise für Bemühungen des Kommandoführers vorlagen, wurde in diesem Brief ebenso ignoriert wie in einem späteren Schreiben der Tochter des Verurteilten[129]. Auch mit einem Brief des Gemeindeamts Mondsee, dem Heimatort Schwanners, versuchten Menschen eine Abmilderung der Strafe zu erreichen. Der Bürgermeister argumentierte, Schwanner sei der Ernährer einer Familie, habe sich bei der Feuerwehr engagiert und habe lediglich in „blinder Befehlsausführung"[130] Verbrechen in Obertraubling begangen. Diese merkwürdigen Argumente reichten verständlicherweise nicht aus, um Cornelius Schwanner zu entlasten. Er wurde am 15. November 1948 aufgrund seiner Verbrechen hingerichtet.

Häftlingsprozesse

Nicht nur ehemalige SS-Angehörige wurden vor Gericht gebracht. Auch einzelne Häftlinge der verschiedenen Konzentrationslager kamen aufgrund von in den Lagern begangenen Verbrechen vor Gericht.

„Wenn der Krieg um 11 Uhr aus ist, seid ihr um 10 Uhr alle tot!"

Unter diesen waren hauptsächlich Kriminelle, die zur Haftvollstreckung nach Obertraubling gekommen waren. Abgestumpft durch die harten Bedingungen und den täglichen Kampf ums Überleben, begann beispielsweise Alfons Rösch eine Serie von Betrugsverbrechen in Obertraubling. Als Küchenkapo im Außenlager hatte er die Aufsicht über einige Liter Suppe, die für viele seiner Mithäftlinge den Unterschied zwischen Überleben und Sterben bedeuteten. Diese Suppe benutzte Rösch für seinen Betrug – er bot Häftlingen Suppe im Gegenzug für Zahngold an. Der Wert des Goldes war selbst im Umfeld des Konzentrationslagers groß genug, um sich erhebliche Vorteile zu verschaffen. Nachdem er sich das Gold gesichert hatte, gab Rösch allerdings nur zwei bis drei Mal eine Extraration an den Tauschpartner, so dass dieser sein Zahngold so gut wie verschenkt hatte. Durch dieses Vorgehen erlangte Alfons Rösch etwa 60 bis 80 Gramm Zahngold.[131] Zusätzlich wurde Rösch vorgeworfen, den Küchengehilfen Berec Pilla mit einer Fleischgabel schwer verletzt zu haben.

Berec Pilla hingegen betrieb laut Aussage eines Überlebenden des Außenlagers ebenfalls illegale Geschäfte bei der Suppenausgabe, indem er nur die Hälfte der vorgeschriebenen Menge an Suppe verteilte und den Rest verkaufte, er wurde aber hierfür nicht angezeigt.[132] Heute geltende Auffassungen von Schuld und Unschuld gerade bei Regelverstößen durch Häftlinge sind sicher – das zeigt der Fall Berec Pilla – nur bedingt geeignet, die Verhaltensweisen des selbst ums Überleben Kämpfenden zu beurteilen.

Alfons Rösch aber, der offensichtlich grausam gegen ihm unterstellte Häftlinge vorging, wurde am 19. Mai 1949 in Regensburg zu einer Freiheitsstrafe von einem Jahr und fünf Monaten verurteilt.[133]

Neues Unrecht oder Gerechtigkeit?

Auch mehr als sechzig Jahre nach den Flossenbürg-Prozessen bleibt die Frage: Wurde Gerechtigkeit erreicht? Wenn man von Überlebenden wie Moishe Mantelmacher hört, Obertraubling sei das schlimmste Lager gewesen, in dem er inhaftiert gewesen sei, kann man schwer nachvollziehen, dass die meisten Beteiligten mit nur geringen Haftstrafen oder gar ungeschoren davongekommen sind.

Ähnlich äußerte sich, die Vorgänge im Hauptlager in Flossenbürg beurteilend, Jack Terry, der meinte,

dass die Rechtsprechung in den meisten Fällen unzureichend gewesen sei.[134] Ein Grund hierfür ist, dass viele Menschen auch heute noch glauben, Konzentrationslager, die keine Gaskammern hatten, seien nicht so schlimm gewesen wie die Vernichtungslager im Osten.[135] Zudem strengten sich in vielen Verfahren die Anwälte der Angeklagten an, die Aussagen der Zeugen zu demontieren, da diese oft keine genauen Angaben zu Zeit und Ort eines bestimmten Verbrechens machen konnten und zusätzlich meistens starker emotionaler Belastung ausgesetzt waren.[136]

Obwohl nur wenige Opfer und noch weniger Täter heute am Leben sind, kommt es trotzdem hin und wieder vor, dass ein NS-Verbrecher aufgespürt und verhaftet wird – und anschließend ggf. freigesprochen wird. Denn mittlerweile ist die Beweislage so verschwommen, das Geschehen so lange her, die Angeklagten so zerbrechlich, dass der Beweis des Verbrechens sehr schwierig ist. Das macht diese Handlungen jedoch nicht weniger verwerflich, sondern entzieht sie lediglich einem demokratischen Strafprozess.

Obertraubling: 1933 bis 2011

Barbara Völkl

„Ich hab das alles verdrängt." (Ernst Schröder)

Das Außenlager Obertraubling war im Laufe des Zweiten Weltkriegs in direkter Nachbarschaft eines wichtigen Rüstungsstandortes in der Oberpfalz gelegen.

Heute wirft unser gesunder Menschenverstand zahlreiche Fragen auf: Wo waren mitfühlende Hände, wo waren die Bürger, als diese grausamen Vorgänge stattfanden? Die Flugzeugwerke und das Außenlager lagen nur wenige Kilometer vom Dorf Obertraubling entfernt: Hat denn niemand etwas gesehen? Und wenn doch, wieso wurde nichts gegen diese Brutalität unternommen? Erschöpfende Antworten konnten wir trotz umfassender Recherche nicht finden. Aber wir haben ein differenzierteres Bild gewonnen.

Obertraubling im Dritten Reich

Während der Herrschaft der Nationalsozialisten war Obertraubling ein Dorf wie viele andere auch. Eine Postkarte von 1936 zeigt ein Hitler-Denkmal umgeben von NS-Fahnen mit dem Hakenkreuz im Zentrum des Ortes[137]; Zeitzeuge Georg Gattinger erinnert sich an ein weiteres Monument für den Führer unweit der Kirche im heutigen Gemeindeteil Oberhinkofen.[138]

Die agrarische Struktur, der hohe katholische Bevölkerungsanteil und der zweifelhafte gesellschaftliche Status der für die NSDAP antretenden, bürgerlich inakzeptablen Repräsentanten hatten zwar vor 1933 dazu beigetragen, dass die Nationalsozialisten in der Oberpfalz mit unterdurchschnittlichen Wahlergebnissen nur bedingt Erfolg erlangen konnten.[139] Eine traditionell niedrige Wahlbeteiligung erschwerte es zudem vor 1933, die Menschen von der NS-Agrarpolitik und somit dem Regime zu überzeugen. Doch in der Zeit des Dritten Reiches spielte diese Zurückhaltung bald keine Rolle mehr, sondern die Menschen passten sich an.

Trotz der Tatsache, dass – wie im Großteil der ländlichen Regionen im katholischen Bayern – keine jüdische Bevölkerung ansässig war, wurden beispielsweise an den Ortseinfahrten blau-weiße Schilder mit der Aufschrift „Juden unerwünscht" aufgestellt.[140] Das Regime bestimmte das Leben der Bürger, insbesondere der Kinder, die niemals etwas anderes kennengelernt hatten. So erinnert sich Gerhard Schulz, Jahrgang 1935, dass er mit Freunden nach Kriegsende aus Spaß den Amerikanern zwischen Hagelstadt und Eggmühl, wo die Familie mittlerweile wohnte, einmal den Hitlergruß zeigte, und dass sie dazu nationalsozialistische Lieder sangen.[141]

Jene Verhaltensweisen waren im Dritten Reich auch bei den Erwachsenen eingeübt worden: Es gab Feste, auf denen NS-Flaggen wehten und entsprechende Reden gehalten wurden. Die Nationalsozialisten wussten auch in Obertraubling, wie sie traditionelle ländliche Feiern umdeuten konnten, und die Menschen machten bei diesen seltenen Unterbrechungen im Ablauf des landwirtschaftlichen Tagesgeschäfts durchaus gern mit. Inwieweit sie sich mit dem NS-Regime identifizierten, lässt sich heute ohne Zeitzeugenberichte nicht mehr sagen. Es wird wohl verschiedene Menschen gegeben haben: einige begeisterte Nazis, viele Mitläufer, weniger Kritische und selten auch aktive Widerständler. Nach außen hin wurde das Bild des Gehorsams zumeist gewahrt. Bei Jahrestagen des Führers waren die NS-Flaggen zu hissen, wer sich weigerte, wurde selbst zur Zielscheibe des Systems.[142] Es wollte aber kaum jemand riskieren, seine eigene Situation noch zu verschlimmern: Mit dem nahenden Krieg wurden immer mehr Männer, arbeitsfähige Bauern, eingezogen. Nach einer Quelle des Statistischen Reichsamts vom Mai 1943 wird ersichtlich, dass rund 40 Prozent der in Land- und Forstwirtschaft beschäftigten Männer einberufen wurden.[143] Auch wenn versucht wurde, den Mangel mit Kriegsgefangenen und Zwangsarbeitern vor allem aus den Ostgebieten[144] auszugleichen, ersetzten solche verständlicherweise keinen lange Jahre erfahrenen Hofherrn. Es ist somit nachvollziehbar, wenn Claudia Wenzl in ihrer Zulassungsarbeit registriert, dass „die Stimmung der ländlichen Bevölkerung unter diesen Umständen natürlich ‚recht gedrückt' war".[145]

Das Kriegsende

Nachdem die Amerikaner ab Herbst 1944 ausgehend von Aachen das Deutsche Reich besetzten, wurde ab Anfang 1945 auch die Oberpfalz zum Kriegsgebiet. Die dritte amerikanische Armee unter General George S. Patton erhielt den Befehl, Richtung Süden vor-

„Wenn der Krieg um 11 Uhr aus ist, seid ihr um 10 Uhr alle tot!"

zudringen. Mit 12 Infanterie- und sechs Panzerdivisionen, ergo 364.000 Soldaten[146], waren die Alliierten den Nationalsozialisten nicht nur militärisch, sondern auch zahlenmäßig überlegen. Um Pattons Männer aufzuhalten, wurden Brücken wie beispielsweise Donaubrücken in der Region Regensburg durch eigene Kräfte zerstört. Aber dadurch verschlimmerte sich die wirtschaftliche Situation immer drastischer, die Mobilität der Bevölkerung und auch der deutschen Truppen, die sich nun nicht mehr vor dem Feind zurückziehen konnten, wurde enorm eingeschränkt.

Die Gemeinde Obertraubling war aufgrund ihrer Nähe sowohl zu Regensburg als auch zum Militärflugplatz mit den angrenzenden Bahnlinien ein lohnendes Ziel für die Amerikaner. Luftangriffe standen deswegen auf der Tagesordnung. Johanna Doerfler aus Niedertraubling, einem Teil der heutigen Großgemeinde, schreibt dazu in ihrem Tagebuch[147]: *Das Glück anderer Dörfer, von Luftangriffen nicht bedroht zu werden, hatte unseres leider nicht. (...) Ein großes Glück, ja Gnade des Himmels, war es daher, daß es trotzdem zu keinem schlimmeren Unglück kam.*" Die Angriffe versetzten die junge Frau in Angst und Schrecken, voll Erschütterung stand sie damals vor einem amerikanischen Flugzeugwrack, das von der deutschen Flak getroffen wurde. *Nachdenklich*" ging sie nach Hause, beinahe mit Scham erfüllt über die anderen Schaulustigen, *die mit lauten und derben Worten über alles ihre Bemerkungen machen zu müssen glaubten*".

Die Familie Doerfler trafen die Angriffe besonders, da ihre Felder erst nach einer Räumung der Blindgänger wieder bestellt werden konnten. Der Anbau war aber unverzichtbar, denn selbst mit Bezugsscheinen war in den Geschäften zu Kriegsende weder Nahrung noch Kleidung zu erwerben. Fleisch war den Bürgern in ferner Erinnerung, das Ausbuttern wurde verboten; selbst angebaute Erbsen und Bohnen standen auf dem Speiseplan. Und selbst diese wurden knapp, denn es galt nun, nicht nur die eigene Familie, sondern auch Flüchtlinge zu versorgen. Mit dem nahenden Kriegsende wuchs nämlich auch die Zahl derer, die vor den Alliierten flohen: einige Bauern versteckten flüchtige NS-Verantwortliche; andere wiederum halfen KZ-Häftlingen[148], Kriegsgefangene wurden in Ställen und Scheunen untergebracht. Auch das Regime unter Hitler begann hektisch zu agieren. Konzentrationslager wurden aufgelöst, die restlichen Insassen auf Todesmärsche geschickt und die toten

Häftlinge nur noch am Wegesrand notdürftig verscharrt. Sie starben an Schwäche, an Hunger oder an der grausamen Willkür der SS-Leute – von 210 Toten auf zwei Kilometern wird von Olivio Francois, einem Buchenwaldhäftling, beispielhaft berichtet.[149] Hatte die Bevölkerung Mitleid und versuchte *Wasser und Kartoffeln oder Brot zu geben, wurde sie von der SS mit Gewehren davon abgehalten*".[150]

Als das Jahr 1945 begann, gab es in Niedertraubling wohl keinen Einwohner, der auch nur einigermaßen mit ruhiger Zuversicht in die Zukunft schauen konnte. Daß der Krieg nicht mehr mit einem Sieg enden würde, war wohl zu diesem Zeitpunkt mehr oder weniger langsam jedem klar geworden."

Wenn Johanna Doerfler so schreibt, scheint es wenig verwunderlich, dass der provisorisch eingerichtete und unausgebildete Volkssturm, bestehend aus Einwohnern der Dörfer, keinen Widerstand gegen den Einmarsch leistete. Meist waren sowieso nur noch wenige Männer im Dorf, der Großteil war im Krieg, viele auch vermisst oder verstorben, wie es Georg Gattinger aus Oberhinkofen berichtete.[151] Die Bevölkerung wollte Frieden, den Glauben an ein tausendjähriges Reich hatten lediglich noch ein paar fanatische NS-Anhänger und Hitler, der *kreischte, dass er im Stich gelassen worden sei, er schmähte die Armee, er bedrohte alle Verräter, er sprach von allgemeinem Verrat, Versagen, Korruption und Lügen ...*"[152].

Nach all den Tagen und Nächten, die Johanna Doerfler wie sicher ein größerer Teil der Gemeindemitglieder im Keller verschanzt verbracht hatte, dem *lärmenden Schießen* lauschend, *geschah es mir [Johanna Doerfler] das erste Mal in diesem Krieg, daß mich die Fassung und Ruhe, die ich sonst stets bewahren konnte, verließen, und ich zu einem zitternden Bündel Angst wurde ...*". Das Kriegsende war zum Greifen nahe und am 25. April 1945 trat ein, *was schon Tage vorher angekündet worden war [...]. Das nahe Flugzeugwerk wurde gesprengt.*"

Auch wenn die Lage immer noch bedrohlich war, Johanna Doerfler hoffte wie viele Nieder- und Obertraublinger: *Das ewige Gesetz, daß auf jede Nacht ja wieder ein Morgen folgen muß, [...] füllte mich selbst jetzt in der Stunde der Gefahr mit Zuversicht. [...] Tor und Tür konnten wir der Hoffnung öffnen, daß nun alles wieder besser würde.*"

Nach der Auseinandersetzung mit den Verhältnissen und Vorkommnissen in Obertraubling stellt sich erneut die Eingangsfrage: Hat denn niemand etwas gesehen? Aus unserer Vorarbeit, zahlreichen Gesprächen mit Zeitzeugen oder deren Nachkommen, alten Zeitungsberichten, den Überlieferungen in Archiven und vielem mehr, ergibt sich die Erkenntnis, dass es wohl nur wenige Menschen gab, die über das KZ-Außenlager Obertraubling Bescheid wussten. Gerhard Schulz beispielsweise, der während seiner Kindheit für etwa ein Jahr zwischen 1943 und 1944 mit seiner Familie direkt im Fliegerhorst gelebt hatte, wurde durch unsere Nachfrage und erst bei genauerem Betrachten der Aufzeichnungen seines Vaters auf ein „Lager" aufmerksam. Als Landwirt im Fliegerhorst beschriftete Herr Schulz senior, der Vater unseres Gesprächspartners, ein Areal des Fliegerhorstes auf einem Luftbild als „Arbeiterlager", er meinte aber laut Bildposition sicher das Russenlager I.[153]

Ähnlich wie in diesem Fall wird es wohl auch bei Einzelnen ungenaues Hörensagen oder rare Kenntnisse gegeben haben, die aber erst im Nachhinein einzuordnen sind. Moishe Mantelmacher, einer der wenigen Überlebenden des Außenlagers Obertraubling, erzählt dazu: *„Es gab Bauern, aber wir sahen nur sehr wenige."*[154] Emil Kalfus, der das Lager ebenfalls überlebte, beantwortete die Frage, ob er denn jemanden aus dem angrenzenden Dorf gesehen hätte, mit den simplen Worten: *„Niemanden, niemanden ..."*[155]. Es wird viel spekuliert, dass die Leute sich damals der Geschehnisse im Lager bewusst hätten sein müssen, aus Angst in der Öffentlichkeit aber nicht darüber gesprochen hätten. Doch die Zustände der letzten Kriegswochen sorgten wohl dafür, sich in erster Linie um das eigene (Über-)Leben zu kümmern und um das ständig bombardierte Areal des Fliegerhorstes machte wohl jeder einen großen Bogen, sofern er überhaupt außerhalb Obertraublings unterwegs war.

Einige Indizien, wie beispielsweise der Todesmarsch nach Dachau im April 1945, sprechen aber definitiv für eine ansatzweise Kenntnis der Existenz von Konzentrationslagern in der Gegend. Auch Gerhard Schulz berichtete von derartigen „Wanderungen".[156] Andererseits wählte die SS für die Todesmärsche abgelegene Routen, um kein Aufsehen bei den Bürgern zu erregen. *„Wir sind nicht durch die (großen) Städte gegangen. Wir marschierten durch kleine Städte und Felder",* so Moishe Mantelmacher.[157] Unseren Obertraublinger Zeitzeugen bekannte andere Dorfbewohner, Freunde der Väter beispielsweise oder eigene Bekannte, haben ein Außenlager ebenfalls in der Nachkriegszeit nie erwähnt.[158]

Doch eben jene Verschwiegenheit, das Ruhig-Sein, das Nichts-Sagen ist bis heute eine Schwierigkeit. Aus Scham, aus Angst oder aus privaten Gründen fällt es bis heute einigen Menschen schwer, sich mit dieser schrecklichen und grausamen Zeit auseinanderzusetzen. Sogar in der Chronik der Gemeinde Obertraubling wurde über dieses Thema 1982 noch geschwiegen, ob aufgrund von Unkenntnis oder aus anderen Beweggründen, das wissen wir nicht. In einer neuen Ortschronik wird dies sicher anders sein.

„Wie vielen hatte dieses schwere dunkle Jahr Leben, Heimat und Angehörige genommen, wie viel Blut und Tränen waren geflossen", hielt Johanna Doerfler in ihrem Tagebuch fest. Sie meinte wohl die Menschen ihrer Dorfgemeinschaft und schloss doch in ihrer Formulierung alle ein – ortsansässige Obertraublinger und dort beschäftigte Zwangsarbeiter, vertriebene Neu-Neutraublinger und KZ-Häftlinge.

Neutraubling: Einzug der Nachkriegsgesellschaft

Florian Schmidbauer

„Das herbe Erbe des Verlustes der Heimat und der Wille zu einem positiven Neubeginn ..." (Karl Hermes)

Gründung

Nach der Besetzung des Flugplatzes Obertraubling durch die amerikanische Armee im Zeitraum zwischen April 1945 und November 1946 wurden der Flugplatz und das daran angrenzende Messerschmittwerk als Stützpunkt der US-Truppen genutzt.[159] Schließlich wurde am 7. November 1946 das Gelände offiziell an deutsche Behörden übergeben. Danach wurde das Gelände in eine Siedlung für Vertriebene umfunktioniert[160], was auch den Grundstein zur Gründung Neutraublings darstellt. Doch anfangs war dieses Vertriebenenlager ein Teil der Gemeinde Barbing, was bei einer Gemeinderatssitzung am 8. Juli 1949 insofern verändert wurde, dass die Maßgabe bestand, möglichst schnell eine eigene Gemeinde zu bilden.[161] Zu diesem Zeitpunkt lebten 1.246 Personen in dem Gebiet. 1951 wurde die eigenständige Gemeinde Neutraubling offiziell auf dem alten Flugplatz gegründet.[162]

Lebensbedingungen in den Anfangsjahren

Im Zusammenhang mit den Lebensbedingungen im damaligen Neutraubling wird oft die Frage nach der Aufarbeitung der NS-Vergangenheit gestellt. Dazu muss man wissen, dass es in der unmittelbaren Nachkriegszeit – aber auch noch manchmal bis heute – zu einer starken „Opferkonkurrenz" gekommen ist. Das bedeutet, dass die Einwohner Neutraublings sehr mit sich selbst und ihren eigenen Verlusten beschäftigt waren, um zu überleben. Sie besaßen in den unmittelbaren Nachkriegsjahren oft einfachste Gegenstände durch ihre Flucht nicht. So wurde – im Museum ersichtlich – beispielsweise als Kleinigkeit eine Vase aus einer Patronenhülse[163] gefertigt oder aber es wurde als großes Projekt in freiwilliger Arbeit ein Raum im sogenannten Schlangenbau in mehr als 500 Arbeitsstunden zu einem Schulsaal umgebaut.[164] Wegen dieser schwierigen eigenen Situation geriet die Aufarbeitung der NS-Vergangenheit in Vergessenheit bzw. erschien weder als dringlich noch als wichtig.

Der KZ-Friedhof Neutraubling

Die vielen im Außenlager Obertraubling ums Leben gekommenen Häftlinge begrub man nördlich des Casinos.[165] Im Jahr 1949 ließ das Bayerische Landesentschädigungsamt im Gebiet der heutigen Breslauer Straße im Nordwesten Neutraublings offiziell einen Friedhof errichten, auf dem etwa 280 Personen bestattet wurden. Am östlichen Ende des Areals war eine über drei Stufen zu erreichende Steinmauer, die nach Süden hin übereck gebaut war, als Mahnmal errichtet.[166] Das 1950 aufgestellte Kreuz wurde Erzählungen nach aus den Eisenteilen der Trümmer des Fliegerhorstes gegossen und trug und trägt bis heute im Sockel die Inschrift „Requiescant in pace" – Ruhet in Frieden.[167] Am Eingangstor befanden sich als Ornamentierung des Eingangstores das christliche Kreuz auf der rechten Seite und der Davidstern auf der linken Seite, um der Gestorbenen zu gedenken. 1950 wurde das Gebiet offiziell als KZ-Friedhof eingeweiht, denn auf Verlangen der US-Amerikaner sollte in Neutraubling eine angemessene Gedenkstätte für die Opfer des Nebenlagers entstehen. Der Friedhof wurde aber schon im Jahre 1956 wieder aufgelöst, die sterblichen Überreste wurden exhumiert. Das Gelände wurde daraufhin als Bauland ausgewiesen.

Doch nicht nur KZ-Insassen, sondern angeblich auch Kriegsteilnehmer verschiedener Nationen, Soldaten II. Klasse (Reservisten?) und Fremdarbeiter, die hier Zwangsarbeit leisten mussten, wurden in Neutraubling laut Aussage des damaligen Bürgermeisters von Neutraubling, Hans Herget (SPD), im Jahr 1956 bestattet.[168] Ähnliches bestätigte auch ein Artikel in der Mittelbayerischen Zeitung, doch sind beide Aussagen eher unwahrscheinlich, da Kriegsgefangene, Zwangsarbeiter sowie deutsche Soldaten vom Fliegerhorst gemäß Zuständigkeit des Garnisonsbereichs in Regensburg beurkundet und an anderen Orten, z.B. auf dem Friedhof auf der Irler Höhe in Regensburg, begraben wurden.[169] Insgesamt wurden auf dem KZ-Friedhof wohl 283 Tote in 34 Grabstätten beerdigt, wobei bei der Exhumierung nur 211 Skelette gefunden wurden.[170] „Was ist mit den 72 Toten? (Differenz)"[171], fragte das Landratsamt in Neutraubling an. Die Differenz blieb unerklärlich, wie aus der Korrespondenz des Bürgermeisters von Neutraubling mit dem Landratsamt Regensburg hervorgeht. Nur wenige Tote konnten identifiziert werden.

Der französische Suchdienst für Kriegsopfer leitete die Exhumierung[172] mit der Hilfe von 10 Bürgern der Gemeinde Neutraubling.[173] Die Exhumierungsarbeiten begannen am 22. August 1956 und sollten vier Wochen dauern.[174] Die 211 Skelette[175] wurden, wenn sie noch identifiziert werden konnten, in ihre Heimat überstellt.[176] Tote in die sozialistischen Staaten des Ostblocks zu überführen, war allerdings nicht möglich, da damals noch der Eiserne Vorhang bestand.[177] Die identifizierten Toten, die nicht in ihre Heimat gebracht werden konnten, wurden ebenso wie alle unidentifizierten Opfer in der Grabstätte in Flossenbürg bestattet.

Es gab wohl mehrere Gründe für die Auflösung des Friedhofs, jedoch ist keine lückenlose Dokumentation zu den Überlegungen der Auflassung vorhanden: Zum einen wollte die Gemeinde Neutraubling das Gebiet, auf dem der Friedhof bestand, als Baugebiet erschließen.[178] Zum anderen sollte in Flossenbürg ein Ehrenfriedhof entstehen, um eine würdige Gedenkstätte zu betreiben. Es war nämlich in den Gemeinden, die früher Außenlager beherbergt hatten, aber auch in den Begräbnisstätten an den Routen der Todesmärsche zunehmend ein Problem geworden, dass diesen Orten nicht die nötige Aufmerksamkeit geschenkt wurde. Auch in Neutraubling – und dies war wohl der dritte Grund – kümmerte man sich um die Grabpflege nur, wenn die Gemeinde in den Blickpunkt der Öffentlichkeit geriet, wie ein beispielhafter Brief von Bürgermeister Herget vermuten ließ: „Die Tage bis zur Schuleinweihung sind kurz. Es werden Gäste erwartet, die bestimmt auch den KZ-Friedhof besichtigen. Es ist notwendig, daß das Gras, wenn nicht anders, zumindest im Mittelfeld abgebrannt wird, die äußere Umfassung ausgegrast und die Wege gereinigt werden ..."[179]

Die Pflege der Grabstätten sollte eigentlich schlicht, aber doch würdig sein. Allerdings wurde von der Bayerischen Verwaltung der staatlichen Schlösser, Gärten und Seen festgestellt, dass die Pflege der Gräber teilweise vernachlässigt wurde, zum Beispiel waren die Gräber verunkrautet.[180] Daraus erkennt man, dass die Gemeindeverwaltung die Aufarbeitung der NS-Vergangenheit nicht aktiv vorantrieb beziehungs-

weise der Pflege der sichtbaren Erinnerungszeichen keine große Bedeutung zumaß, sondern nur an Festtagen die Gräber pflegte, um einen guten Eindruck bei Besuchern zu erwecken.[181]

Allerdings bemühte man sich nach der Auflösung des Friedhofs – aus Eigeninteresse –, das Kreuz für die Gemeinde zu erhalten. Dies wurde auch für 200 DM verwirklicht[182], was jedoch bedauerlicherweise nicht bedeutete, dass damit der Opfer des Konzentrationslagers gedacht wurde. Vielmehr stand das Kreuz viele Jahre ohne einen Hinweis auf seinen früheren Standort und die damit verbundene Geschichte auf dem städtischen Friedhof. Erst seit wenigen Jahren wird auf einer Tafel der Kontext des Kreuzes erläutert. Der Opfer des Außenlagers wird heute zudem an anderer Stelle – vor dem Rathaus – mit einem Gedenkstein erinnert.

Neutraubling: Die Nachnutzung des Lagergeländes

Fabian Nußer

„Aufbaugeschichten" (Elisabeth Fendl)

Pragmatische Nachnutzung

Nach 1945 entstand auf dem Gelände der heutigen Stadt Neutraubling zunächst die „Industriesiedlung Obertraubling", später die „Vertriebenengemeinde Neutraubling". Die Konzentration von Vertriebenen aus ehemals deutschen Gebieten in diesem Ort, der Austausch von gegebenenfalls ähnlichen, durch Vertreibung geprägten Lebensgeschichten half den Menschen, die sich hier neu einfügen mussten, ihre Erlebnisse aufzuarbeiten und Geschehenes zu bewältigen. Aber dies Entwicklung ließ die Geschichte des Außenlagers auch eine Rand- bis Nichtexistenz führen.

Die Ruinen des Fliegerhorstes boten den ankommenden Flüchtlingen ein notdürftiges Dach über dem Kopf.[183] Doch bald wollte man einen Neuanfang, einen Aufbruch. Es ging nicht darum, das, was einmal gewesen war, zu vergessen, sondern vielmehr um einen hoffnungsvollen Beginn nach einer Zeit des Leides. Erst später wurde sehr deutlich gemacht, dass die Erinnerung an das KZ-Außenlager die Identität der jungen Gemeinde regelrecht störte.

Früher nahm der Fliegerhorst den größten Teil des jetzigen Stadtgeländes ein. Heute findet man – da das Außenlager Teil des Flugplatzgeländes war – einerseits eine große Zahl öffentlicher und privater Gebäude auf Lagerfundamenten und andererseits noch original erhaltene Bauten aus der NS-Zeit.

Durch die Namensänderung der Ansiedlung wurde die militärische Vornutzung sowie die Benennung und Nutzung eines Geländeteils, das zu einem Teil „Außenlager Obertraubling" war, nun aber „Neutraubling" hieß, auch sprachlich ausgelöscht. Die neue Zeit begann mit einem Gedächtnisbruch.

Zuerst – vor der genannten rasanten Gemeindeentwicklung – hatte niemand Interesse an dem ehemaligen Lagergelände gehabt, da es landwirtschaftlich gesehen ungeeignet erschien. Doch bald musste immer mehr Wohnraum geschaffen werden und das Interesse vor allem des bayerischen Freistaates, der viele Vertriebene aufzunehmen hatte, stieg.[184] Nachgenutzte Überreste – wenn nicht des Lagers, so doch in unmittelbarer Nähe – sind zum Beispiel der weitgehend erhaltene Schlangenbau, in dem heute Wohnungen und Geschäfte liegen. Ebenfalls sind noch die Kommandantur, ein kasernenartiger angelegter Großbau sowie die damaligen O-Bauten erhalten. Auch die Neutraublinger katholische Kirche ist kein gänzlicher Neubau. Sie wurde nämlich auf den Eingangsbögen der damaligen Kommandantur erbaut. Ein ebenso erwähnenswerter Bau ist das damalige Casino. Dieser Bau wurde zu NS-Zeiten nicht fertiggestellt.[185] Er beherbergte als Rohbau Anfang 1945 die Häftlinge des Außenlagers. Die oberirdischen Teile wurden abgerissen.

Im Zuge der Gestaltung des Rathausplatzes schlug der Architekt vor, den Rathausplatz mit dem Brunnen tieferzusetzen, so dass der Gewölbekeller des ehemaligen Casinos nun überirdisch wurde. An die ehemalige Kellerlage erinnert heute nur noch der Name des darin befindlichen Restaurants – „Ratskeller". Bekannt, aber trotzdem nicht als NS-Hinterlassenschaft eingestuft, dürfte der „70-Meter-Streifen" sein. In dem heute an der Bayerwaldstraße gelegenen Streifen siedelten sich die erste Industrieunternehmen im jungen Neutraubling an.

Ein Teil des damaligen Fliegerhorstgeländes und einige Gebäude(teile) gehören heute der Krones AG, die mit Hauptsitz Neutraubling als Weltmarktführer im Bereich der Prozess-, Abfüll- und Verpackungstechnik erfolgreich ist und sich im Rahmen der Corporate Social Responsibility – als Engagement im kulturellen sowie im wissenschaftlichen Bereich – auch an der Erforschung der Vorgeschichte ihres Standortes beteiligt.

Der historische Ort

Trotz der weiteren Nutzung des Lager- und Fliegerhorstgeländes wird über das Thema der NS-Vergangenheit der Gebäude nicht viel gesprochen. Obertraublinger und Neutraublinger Bürger möchten sich meist nicht mit dieser Vergangenheit befassen. So wurden nach dem Krieg Erinnerungsorte oft gezielt zerstört und/oder memorial überformt.[186] Man müsse „Spuren und Überformung deuten"[187], schrieb einst der Kunsthistoriker Detlef Hoffmann.

Trotzdem findet man in dem Neutraublinger Museum eine ortsgeschichtliche Dokumentation, die im Vergleich zur Geschichte der Vertriebenen nur sehr wenig über das Außenlager preisgibt. Dieses ist eben „nur" städtische Vorgeschichte.

Allerdings existiert mittlerweile ein Rundweg, der unter dem Motto „Auf den Spuren des Flugplatzes" angeboten wird und der mit einzeln im Stadtgebiet aufgestellten Gedenktafeln an diese Zeit erinnert. Hier wird dem Besucher bewusst gemacht, welche Funktion die heute noch existenten Gebäude(reste) in der Zeit des Fliegerhorstes hatten.

Was übrig bleibt …
Erinnerungen an
das Außenlager

Sabrina Schön

„Kein Kranz bei Naziopfern." (Michael Jaumann)

„Wir wussten von nichts" – Beschweigen und Verdrängen

Das Außenlager Obertraubling des Konzentrationslagers Flossenbürg ist heute fast in Vergessenheit geraten. Kaum einer weiß, dass es überhaupt existierte; von denen, die es wussten und wissen, verdrängt es eine große Zahl.

Während die Geschichte des Fliegerhorstes Obertraubling weithin bekannt und gut erforscht ist[188] und jeder weiß, dass Neutraubling auf diesem Gelände entstand, wurde der schwarze Fleck der Außenlager-Geschichte lange gut verborgen. Erst in den letzten Jahren zeichnet sich ein Umdenken ab, das maßgeblich von der Offenheit der jetzigen Bürgermeister getragen wird, die auf entsprechende journalistische und wissenschaftliche Bemühungen angemessen reagieren.

Regensburg, die nächstgrößere Stadt, hat es mitzuverantworten, dass das Außenlager aus dem Gedächtnis der Bevölkerung verschwand. Einerseits sorgte dafür die dort ansässige Presse, andererseits ging man in der Vergangenheit auch mit der städtischen NS-Geschichte und insbesondere der Rolle im Holocaust oft zurückhaltend bis negierend um.[189] Am Tag der Opfer des Nationalsozialismus 1950 fand in Neutraubling beispielsweise erstmalig eine Gedenkfeier für die Opfer des Außenlagers am damaligen KZ-Friedhof statt.[190] Diese Veranstaltung wurde aber auch in Regensburg nur in einer kleinen Meldung thematisiert.[191]

Der Name des Außenlagers - Obertraubling - und die Lage desselben - im heutigen Neutraubling - macht es besonders interessant zu untersuchen, wie in beiden Orten mit der Geschichte umgegangen wurde und wird.

In der Gemeinde Obertraubling, die ungefähr drei Kilometer entfernt vom damaligen Fliegerhorst liegt, selbst stößt man auf eine eher ablehnende Haltung hinsichtlich des Bezugs zum Außenlager, denn alles dort geschah „weit weg", es ginge doch nicht Obertraubling an, schließlich sei der ehemalige Fliegerhorst Stadtgebiet Neutraubling. In öffentlichen Dokumenten oder Zeitungen aus dem letzten Jahrhundert ließen sich keine Hinweise auf Gedenkveranstaltungen in Obertraubling oder Ähnliches finden. Auch die Chronik aus dem Jahr 1982 erwähnt das Außenlager nicht.

Wie aber steht Neutraubling, der Ort, an dem das Außenlager stand, an dem so viele Menschen gelitten haben und gestorben sind, seiner Vorgeschichte gegenüber? Neutraubling entstand aus den Trümmern des fast völlig zerstörten Fliegerhorstes. Es ist eine Gemeinde, gegründet von Flüchtlingen und Vertriebenen – eine Gemeinde von Menschen, die ihre Heimat verloren und alle eine eigene Leidensgeschichte zu erzählen haben. Sie ist heute als die jüngste Stadt Bayerns – 1986 zu einer solchen erhoben – bekannt. Gewissermaßen sind die Gründungsfamilien der Gemeinde selbst Opfer der NS-Zeit. Sie verloren alles, was sie hatten, auf der Flucht vor den Alliierten. Deshalb ist es auch nicht verwunderlich – wenn auch bedauernswert –, dass selbst hier, in unmittelbarer Nähe, das Außenlager aus dem lokalen Gedächtnis verschwunden ist.

Natürlich war und ist es den ältesten Bürgern bekannt, dass die Stadt auf dem Grund des ehemaligen Fliegerhorstes und damit in einem Teil auch auf dem Boden des Außenlagers errichtet wurde. Aber es war nicht bekannt, wo dieses gelegen hatte.[192] „Allerdings wussten viele ältere Neutraublinger, dass von 1950 bis 1956 in der Flüchtlingsgemeinde ein KZ-Friedhof existierte"[193], berichtete eine Lokalzeitung. Jedoch wollte sich später keiner mehr an diesen erinnern, und wenn doch, dann nur bruchstückhaft.[194] Es wurde sogar die Ermordung von Juden auf dem Gelände geleugnet, was aus folgender Erzählung hervorgeht: „Da warn Russen, Polen, die ham hier Zwangsarbeit gemacht, und die sie dann da gefunden haben, also, das warn ja alles vom Bombenangriff. Da hieß es erst, es seien lauter Juden, und da hat Herr S. gesagt: ‚Ich werd mein Maul net aufmachen, aber da ist kein einziger Jud drin.' Und dann wurde das schon eingeweiht, dann war das wieder, dann war der Auerbach, der jüdische Präsident Auerbach da: ‚Hier könnten

500 oder auch 5000 Juden' und so weiter. Und dann wurde das von der Kriegsgräberfürsorge gehoben und da warn insgesamt 336, also Tote, aber mit deutschen Epauletten und Erkennungsmarken, kein einziger Jud, des warn alles, was hier beim Bombardieren drauf ging."[195] In der damaligen Zeit sind auch Spukgeschichten von einem Schwarzen Mann, der in der Nacht umhergine, und von den spukenden Skeletten der Russen erzählt worden.[196] Alles, was mit der Kriegsgeschichte zu tun hatte, blieb unheimlich und verdrängt.

Am 17. Juli 1964 fand die Einweihung eines Ehrenmales in Neutraubling auf dem Platz vor der katholischen Kirche St. Michael, die auf der Ruine der zerstörten Kommandantur des Fliegerhorsts entstanden war, statt. „In Ehrfurcht und Dankbarkeit denjenigen zum Gedenken, die ihr Leben für uns opferten! Die erste Hälfte des 20. Jahrhunderts ist von zwei unseligen Weltkriegen und deren verheerenden Folgen überschattet […] Als sichtbarer Ausdruck der innigen Verbundenheit mit den Opfern dieser beiden Weltkriege [wurde dieses Ehrenmal, Anm. d. Verf.] errichtet […]"[197] So lautet ein Teil der Urkunde in einer Kupferkassette im Innern dieses Ehrenmals, das heute noch zu besichtigen ist. Es ist für alle Gefallenen und Toten beider Weltkriege bestimmt.[198] Dieses Ehrenmal lässt jedoch in keinerlei Hinsicht auf die Existenz eines Konzentrationslagers schließen.

In Neutraubling werden bis heute immer mehr historische Gebäude aus der Zeit des Fliegerhorstes abgerissen, um die Modernisierung des Stadtbildes voranzutreiben. Aber der Abbau einzelner Teile begann sogar schon bald nach dem Krieg. Die „Schwälbchen" beispielsweise, die sich in den Fenstergittern des Schlangenbaus befanden, verschwanden aus diesen, denn sie wurden teilweise für nationalsozialistische Symbole gehalten.[199] Die Vögel aber waren das Logo der Messerschmittwerke, der Firma, die die Flugzeuge auf dem Fliegerhorst herstellte. Sehr zu bedauern ist, dass die Gebäude von damals nicht unter Denkmalschutz stehen. Es ist ein Abwägen zwischen der Vernichtung der Spuren durch Um- und Nachnutzung sowie Neubau und dem Erhalt dieser Hinweise auf die Geschichte durch eine Kontextualisierung bzw. teilweise auch Musealisierung.[200]

Das Außenlager Obertraubling des Konzentrationslagers Flossenbürg – in der näheren Umgebung ist es lange Zeit ein verschwiegener Schandfleck gewesen.

Doch wie ist es in Flossenbürg? Alle Häftlinge, die nach Obertraubling überstellt wurden, mussten das Konzentrationslager in Flossenbürg passieren. Auch dort geschah zunächst Ähnliches: Es wurde verdrängt, man wollte nichts wissen über das Konzentrationslager an sich, geschweige denn über etwaige Außenlager. In den 1950er Jahren wurde die Schande in Flossenbürg „kommunikativ beschwiegen"[201], erst viel später setzte eine gezielte Aufarbeitung ein, die heute allerdings mit einem hervorragenden Museumskomplex zumindest wissenschaftlich vorbildlich ist.

Die Erinnerung – Akzeptieren und Aufarbeiten

„Die Skala der Reaktionen auf KZ-Häftlinge war groß. – Sie reichte von wütender Ablehnung bis zum stillem Mitleid und bescheidener tätiger Hilfe für die Gefangenen."[202] Dieses Zitat drückt sehr pointiert aus, was man überall in der Kriegszeit beobachten konnte. Nach dem Krieg waren die Reaktionen ebenso unterschiedlich. Oft herrschte eine strikte Trennung vor: Das öffentliche – eingeforderte – Gedenken wurde und wird dem privaten Schweigen gegenübergestellt.[203] Es ist jedoch wichtig, an die Opfer der Nationalsozialisten zu denken und zu mahnen, denn dieser Teil der Geschichte darf nicht in Vergessenheit geraten.

An der Bruchstelle zwischen Mitlebenschaft und der kommenden, allein vermittelten Überlieferung von Wissen über die Zeit des Nationalsozialismus ist die Kenntnis auch über das Außenlager Obertraubling heute zwischen dem kommunikativen und dem kulturellen Gedächtnis angesiedelt.[204] Diese Entwicklung gibt auch Obertraubling und Neutraubling die Chance, die Geschichte des Außenlagers im Gedächtnis der Gemeinden noch einmal explizit aktiv und dauerhaft zu verankern.

Die Generation des späten 20. Jahrhunderts fühlt sich nicht mehr schuldig. Sie ist bereit, mit der Geschichte aktiv umzugehen, aus dem Geschehenen zu lernen.

Laut Maurice Halbwachs, einem Soziologen, ist das Gedächtnis sozial bedingt, es ist also nicht objektiv, sondern es gibt einen Erinnerungsbau durch den Vergleich mit der gegenwärtigen Realität auf drei Ebenen: individuelles Gedächtnis, kollektives Gedächtnis von Gruppen und kollektives Gedächtnis von Gesellschaften oder auch Kulturen.[205] Unser Gedächtnis wird also beeinflusst von verschiedenen Faktoren, was dazu führt, dass manche Erinnerung in Vergessenheit gerät und manche Erinnerung einem peinlich oder schadhaft scheint, und somit der Einzelne diese für sich behalten will. Das Wissen ist da, es will nur nicht bekannt gemacht werden. Dazu kommt, dass es ein Nebeneinander von verschiedenen, konkurrierenden und sich überschneidenden Gedächtnissen gibt, denn der Einzelne ist in verschiedene Erinnerungsgemeinschaften eingebunden, deren Vergangenheitsdeutungen sich sogar wiedersprechen können.[206] Erinnerungen werden beeinflusst von der Umgebung und dem Umgang mit anderen Menschen. Das führt dazu, dass der eine leugnet, jemals von einem Konzentrationslager gewusst zu haben, und der andere sogar darüber schreibt und spricht. Da sich mittlerweile aber ab und zu – und immer häufiger – jemand öffentlich damit beschäftigt, gibt es wiederum Erinnerungsorte mit vielfältigen Assoziationsmöglichkeiten, die durch diese Personen bestimmt werden.[207]

Sehr wichtig für den Fortbestand des kollektiven Gedächtnisses ist die Speicherung der kommunikativ vermittelten Wissensbestände. Insofern ist es zu wünschen, dass dieses Buch eine breite Diskussion auslöst, damit viele Menschen von dem Außenlager (Näheres) erfahren. Beim kulturellen Gedächtnis aber handelt es sich um die symbolischen Formen und den Wiedergebrauch der Erinnerung über Generationen und Epochen hinweg.[208] Es ist also sehr wichtig, dass über die Geschichte geschrieben und erzählt wird, damit sie erhalten bleibt.

Das Außenlager Obertraubling ist fast verlorengegangen, denn nur noch eine Handvoll Überlebende kann aus erster Hand davon berichten, nur wenige Ortsansässige haben diese Erinnerung behalten und keiner hat bisher ausführlicher darüber geschrieben.

In Flossenbürg ist es bereits gelungen, die Geschichte deutlich umzuwerten, sie angemessener zu bewerten.[209] Das ist eine Chance, die auch Obertraubling und Neutraubling erhalten sollten. Das Beschweigen wäre gerade im Umbruch der Erinnerung – bald wird es keine Zeitzeugen des Holocaust mehr geben – ein fataler Fehler, der jedoch noch vermieden werden kann.

Manifestationen des Gedenkens

Die heute existenten Gedenkstätten zum Holocaust wurden manchmal erst verhältnismäßig spät errichtet. Gedenkorte – meist nicht symbolisch, sondern beispielsweise als Friedhöfe praktischer Natur – aus den 1950er Jahren haben in der hiesigen Gegend oft nur kurz bestanden. Es gab einige Massengräber von Außenlagern, die zu Mahnmalen wurden. Zwei Beispiele hierfür wären das Massengrab am Evangelischen Zentralfriedhof in Regensburg und der KZ-Friedhof in Neutraubling.[210] Beide wurden bald wieder aufgelöst und die dort begrabenen Todesopfer der jeweiligen Außenlager exhumiert und nach Flossenbürg umgebettet.[211] Dies geschah zwar überall – mit Ausnahme von Neunburg vorm Wald, das der Exhumierung nicht zustimmte –, doch beispielsweise in Rettenbach, Wetterfeld und Saal an der Donau wurden an der Stelle der Massengräber Mahnmale errichtet, die deutlich auf die Existenz eines Außenlagers hinwiesen und -weisen.[212] Daran hatte Neutraubling damals offensichtlich kein Interesse.

Erst 1967, 22 Jahre nach Kriegsende, wurde beispielsweise in Berlin auf dem Wittenbergplatz eine Gedenktafel mit „Orte[n] des Schreckens, die wir nie vergessen dürfen" mit den Namen von zehn Konzentrations- und Vernichtungslagern aufgestellt. Jedoch befand sich unter diesen beispielsweise nicht Flossenbürg.[213] Dieses wurde erst 1995 hinzugefügt, am 50. Jahrestag der Befreiung auf Initiative der Gemeinde Flossenbürg, die sich ihrer Geschichte stellte. Dass das Außenlager Obertraubling auf solch einer Tafel nicht zu finden ist, ist aus Übersichtlichkeitsbemühungen heraus verständlich, aber das heißt nicht, dass die Opfer der kleinen Außenlager vergessen werden dürfen.

Auch in Regensburg wurden lange keine Gedenkstätten für Holocaustopfer errichtet, denn diese waren nicht erwünscht.[214] Einige Bürger wollten angesichts des in ihren Augen „unwürdigen Gezerres" die Anbringung einer Gedenktafel selbst in die Hand nehmen, wurden jedoch daran gehindert.[215] Selbst die Stadt weigerte sich lange Zeit, die Opfer der Konzentrationslager zu beachten, und bot Überlebenden auch keine Hilfe an.[216] Erst 1986 wurde eine Gedenktafel am jüdischen Gemeindehaus in Regensburg zur Erinnerung an alle in dieser Stadt ermordeten Juden angebracht. Im selben Jahr erinnerte man sich der Opfer der Arbeiterbewegung mit einer Gedenktafel

am Gewerkschaftshaus in der Richard-Wagner-Straße.[217] Zwei Jahre später folgte ein Gedenkstein für die über 700 Kriegsgefangenen aus der Sowjetunion, die in und um Regensburg ihr Leben verloren haben.[218] 1990 enthüllte man eine Tafel zur Erinnerung an Opfer der Euthanasie am Altbau des Bezirkskrankenhauses, am Zugang Ludwig-Thoma-Straße.[219] 1994 wurde „nach jahrelangem Parteien- und Bürgerstreit" ein Gedenkstein für die Opfer des Außenlagers Colosseum in Regensburg-Stadtamhof übergeben, der jedoch nicht direkt am Ort des Geschehens stand.[220] Erst 2011 kam es zur Verlegung einer Gedenktafel am Boden vor dem Gebäude, jedoch wird deren Inhalt als „verharmlosend" kritisiert.[221] Erstmals 1995 würdigte die Stadt die Opfer, denn „Vergessen ist für sie nicht möglich. Vergessen darf auch nicht sein. Versöhnung kann nur von den Opfern gewährt werden. Um Vergebung kann gebeten werden."[222] Um diesem Anliegen gerecht zu werden, gibt es – nicht nur – in Regensburg die Stolperstein-Initiative. Auch ehemalige Häftlinge des KZ Flossenbürg, die ihr Leben ließen, sind auf diesen Steinen in ganz Deutschland zu finden.

Veranstaltungen und Ausstellungen

„Jetzt ist die Gelegenheit, das Thema publik zu machen."[223]

Das erste Mal, dass man in der Lokalpresse von einer Anteilnahme am Tod der Häftlinge des Außenlagers Obertraubling erfuhr, war im Jahre 1955 zu Allerheiligen. Es wird in einem Zeitungsartikel berichtet, dass die Gemeinden verpflichtet waren, für die Pflege der Grabstätten aufzukommen.[224] Der Zeitungsbeitrag rief dazu auf, dass die Einheimischen die Gräber der Todesopfer des Außenlagers genauso pflegen sollten wie die ihrer Verwandten, da zu wissen, dass für die Gräber gesorgt wird, ein Trost für die Verwandten derer, die ihr Leben ließen, darstelle. An Allerheiligen wurden die Gräber dann geschmückt. Jedoch war danach lange nichts mehr zu lesen von dem Außenlager. Der KZ-Friedhof wurde 1956 aufgelöst und mit diesem verschwand der letzte Ankerpunkt der Erinnerung und der „Zwang zur Auseinandersetzung" mit dem Außenlager in Neutraubling und Umgebung. Die Bürgerinnen und Bürger konnten nun noch leichter vergessen. Das Einzige, was in der Zeit danach geschah, war die Errichtung eines Ehrenmals für alle Opfer des Ersten und Zweiten Weltkriegs, was jedoch das Außenlager nicht explizit hervorhob, sondern noch unwichtiger erscheinen ließ – als hätte es das Lager nie gegeben.

Erst 1995 wurde im Zuge der Neutraublinger Kulturtage an die Geschehnisse des Zweiten Weltkriegs zurückgedacht.[225] Aber auch bei diesen Veranstaltungen wurde nicht auf das Außenlager Obertraubling eingegangen, sondern allgemein auf die 15 Millionen Deutschen (!), die aus ihrer Heimat durch Flucht, Deportation oder Vertreibung gerissen worden sind. Es ist sehr bedauernswert, dass sich eine Gemeinde, die selber wusste und weiß, wie sich das Leid der Verfolgung anfühlte, die Menschen, die dort im Außenlager gelitten haben und gestorben sind, nicht beachtet hat. Manche tun es bis heute nicht. 1995 war in Neutraubling ein Gedenkjahr, denn der Krieg war 50 Jahre vorbei, weshalb natürlich auch des Nationalsozialismus und des Terrors der damaligen Zeit gedacht wurde. Das Jahr 1945 sei der „Beginn eines schrecklichen Opferganges großer Teile unseres Volkes"[226] gewesen, berichtete ein Artikel im Neutraublinger Anzeiger. Von dem Terror vor der eigenen Haustüre wurde aber nicht berichtet. Zum Volkstrauertag desselben Jahres wurde auch an den Nationalsozialismus erinnert. Es wurde sogar angesprochen, dass viele Menschen in Lagern oder Gefängnissen inhaftiert gewesen waren wegen ihrer Religionszugehörigkeit oder ihrer politischen Ansichten.[227] Der Volkstrauertag „mahnt jeden einzelnen zum Aufstand gegen Unfriede, Gewalt, Verfolgung und Krieg. Dazu ist es wichtig, die gesamte Zeitgeschichte zu kennen, nicht nur jene Teile, die der Medien-Mode gefällig sind"[228], so die lokale Presse. Das ehemalige Außenlager Obertraubling wurde aber auch hier nicht erwähnt.

Die erste größere, als Auseinandersetzung mit der Neutraublinger (Vor-)Geschichte wahrgenommene Veranstaltung, in der auch das Außenlager thematisiert wurde, fand 2005, 60 Jahre nach Kriegsende, im Zuge der Ausstellung „60 Jahre Kriegsende und Neubeginn"[229] statt. Diese Ausstellung behandelte drei Hauptaspekte. Einer davon war die Rolle des Fliegerhorstes als Außenlager des KZ Flossenbürg.[230] Zu verdanken hat Neutraubling diese Aufbereitung der Geschichte unter anderem den Heimat- und Archivpflegern Cäcilie Vilsmeier und Karl Heinz Westenhuber. Durch ihre Ausstellung erfuhren endlich viele Menschen, dass es das Außenlager gegeben hatte, wo es gelegen war und sie erhielten erstmalig

genauere Informationen zu diesem. Grundlage boten ein Lageplan und Akten aus dem Prozess gegen SS-Hauptscharführer Cornelius Schwanner, dem ehemaligen Kommandoführer des Lagers.[231] Auch die KZ-Gedenkstätte Flossenbürg stellte Materialien zur Verfügung. Im Zuge dessen wurden beispielsweise im Neutraublinger Museum seit 2005 auch Gefangenenlisten ausgestellt, in denen Abstammung und Schicksal verzeichnet ist. Diese Veranstaltung und das in der Folge entstandene Büchlein über die Ausstellung waren ein wichtiger Schritt nach vorne und haben das Lager wieder ins Bewusstsein der Bevölkerung Neutraublings und der Umgebung gebracht. Die aktive Auseinandersetzung hatten aber auch schon zuvor Einzelpersonen und kleinere Gruppen versucht, nur hatten sie kaum Gehör gefunden, ihr Wirken entsprach dem Titel einer dieser Veranstaltungen – „Vergessenes aus Neutraublings Frühgeschichte"[232].

Denkmäler

„Ein sichtbares Zeichen der Erinnerung"[233], so titelte die Donau-Post im November 2006.

Das wichtigste Denkmal, das das Außenlager Obertraubling betrifft, ist der Gedenkstein gegenüber dem Rathaus in Neutraubling. Bis es dazu kam, vergingen viele Jahre. Zunächst entwarfen 2005 Cäcilie Vilsmeier und Karl Heinz Westenhuber einen Rundweg, der die Spuren des Flugplatzes aufzeigen sollte. An zwei Tafeln wurde auch auf das Außenlager hingewiesen. 2007 wurde eine Tafel am Gedenkkreuz auf dem Friedhof ergänzt. Die beiden Archivpfleger waren auch dabei, als es 2006 um den Gedenkstein und seine Verwirklichung ging. Doch zunächst wurde im Gemeinderat darüber unter Ausschluss der Öffentlichkeit heftig diskutiert.[234]

Die CSU und SPD waren gegen eine öffentliche Sitzung in dieser Sache, die „Aktiven Bürger" dafür. Nichts erinnerte bis dahin an die Menschenleben, die das Außenlager Obertraubling gefordert hatte. Das Thema sollte nicht öffentlich behandelt werden wegen der „Ernsthaftigkeit der Sache" und da man das „komplexe und komplizierte Thema in seiner Gesamtheit werten" wollte.[235]

Selbst in der Chronik Neutraublings war das Außenlager nicht weiter erwähnt, während zum Beispiel die geologische Beschaffenheit des Geländes genauestens thematisiert wurde. Allerdings ist bereits eine

„Wenn der Krieg um 11 Uhr aus ist, seid ihr um 10 Uhr alle tot!"

neue Chronik in Arbeit, die dies verändern wird. Diese Leerstelle der alten Chronik benutzten auch die Befürworter der öffentlichen Sitzung als Argument, dass die Bewohner der Stadt endlich erfahren sollten, was wirklich geschehen war. Nach zahlreichen Diskussionen wurde der Beschluss, einen Gedenkstein aufzustellen, einstimmig getroffen. Bei dem Stein handelt es sich um einen Findling aus dem Flossenbürger Steinbruch, in dem damals die Häftlinge des Stammlagers und auch einige der später in Obertraubling Inhaftierten arbeiten mussten.[236] Der Stein wiegt zweieinhalb Tonnen und ist aus Granit. Der Flossenbürger Granit, ein Stein, der sehr robust, schön und auch teuer ist, war damals der Grund, warum in Flossenbürg ein Konzentrationslager errichtet wurde. 50 Jahre, nachdem der KZ-Friedhof aufgelöst wurde und damit die letzte Erinnerung an das Außenlager verschwand, wurde 2006 endlich wieder ein Denkmal errichtet, das an die schrecklichen Ereignisse aus dem KZ-Außenlager erinnert: „Einer Vielzahl unbekannter Opfer von Menschenfeinden 1933-1945".

Da aber dieser Stein immer noch nicht explizit für den mit der Stadtgeschichte unvertrauten Besucher darauf schließen lässt, dass es sich hier um die Opfer eines KZ-Außenlagers handelte, wurde daneben eine Tafel errichtet, auf der dies erklärt wird. Auch der weitere Umgang mit diesem Gedenkstein musste jedoch erst eingeübt werden: 2007 bemerkte der Journalist Michael Jaumann, wie unterschiedlich mit den Erinnerungsstätten in Neutraubling umgegangen wurde. Während das Ehrenmal zum Volkstrauertag reich geschmückt war, fanden sich am Gedenkstein keine Blumen oder andere Zeichen des Gedenkens.[237]

Was jedoch wenige wissen: In Neutraubling überdauerte die ganzen Jahre ein Denkmal, von dem nur lange Zeit keiner wusste, dass es eines ist: das Eisenkreuz, das auf dem heutigen Friedhof in Neutraubling steht. Es handelt sich um das 1950 errichtete Gedenkkreuz, das sich ursprünglich auf dem KZ-Friedhof befand. Seine ursprüngliche Funktion als Mahnmal hatte es verloren, denn es wurde umgelagert, ohne irgendwo zu beschreiben, was es wirklich ist – ein Mahnmal der Schrecken des Nationalsozialismus. Heute aber erklärt eine Tafel die Hintergründe.

Die aktive Auseinandersetzung mit dem Außenlager

In den Medien wird noch heute oft die Zeit des Nationalsozialismus thematisiert. Man liest von Auschwitz, von Dachau, von Orten, die so weit weg sind von der Regensburger Gegend, dass man sich im Landkreis und der Stadt nicht direkt betroffen fühlen muss, wenn man sich der Verantwortung nicht stellen will.

Im kommunikativen Gedächtnis bestehen zwar die Messerschmittwerke mit den dazugehörenden Waldwerken und der Fliegerhorst Obertraubling, allerdings eher aus technischer Sicht. Es gibt einige Bücher, die von diesen beiden zentralen Orten im Landkreis Regensburg der Nationalsozialisten berichten, das Außenlager ist in ihnen eher wenig beleuchtet.

Erstmals beschäftigte sich eine Ausstellung in Regensburg über „Stadt und Mutter in Israel: jüdische Geschichte und Kultur in Regensburg" 1989 intensiver mit dem Thema. Im November 1991 hielt Rainer Ehm einen Vortrag in der Evangelischen Gemeinde Neutraubling über „Die ersten 10 Jahre (1935–1945): Vergessenes aus Neutraublings Frühgeschichte"[238].

1995 erschien bei der Bundeszentrale für politische Bildung in Bonn ein Nachschlagewerk über „Gedenkstätten für die Opfer des Nationalsozialismus", unter anderem über Neutraubling.[239] Später, im Jahr 2000, wurde von der evangelischen Jugend in Neutraubling selbst mit Unterstützung der Evangelischen Jugend Bayern im Rahmen des „Arbeitskreises Außenlager Flossenbürg" die Lagergeschichte erforscht, eine Publikation der Ergebnisse erfolgte jedoch – wohl wegen lokaler Widerstände gegen das Projekt – nicht. Bis hierhin, und weiter bis zur ersten Debatte im Stadtrat Neutraubling im April 2005, geschah also viel, wurde aber beispielsweise vom örtlichen Heimatpfleger Josef Fendl und der Öffentlichkeit das Thema kaum an- und wahrgenommen.[240] Erst mit der politischen Diskussion wandelte sich das Bild.

Der Umgang mit den Konzentrationslagern wird aber immer mehr von der geschichtlichen Primärerfahrung, das heißt dem Miterleben abgekoppelt. Auch die mediale Vermittlung der Informationen über diese Lager gewinnt also an Bedeutung.[241]

Dieser Aufgabe des Erinnerns muss man sich daher ganz aktiv stellen, um das Gedenken an die Opfer zu erhalten. Das gilt vor allem für vergessene Orte wie das Außenlager Obertraubling. Beitragen können dazu nicht nur Bücher, Artikel, Filmbeiträge und Ähnliches, sondern auch die Museen, wie das Museum der Stadt Neutraubling, das die langjährigen vereinzelten Bemühungen um Aufklärung in einer Sonderausstellung 2006 bündelte.

Denn: *„Nicht das, was passiert, ist für die Repräsentation im Gedächtnis entscheidend, sondern vielmehr, wer etwas erinnert und um welchen spezifischen Fall es sich handelt.“*[242]

Wissenschaftliche Aufarbeitung

Insbesondere aufgrund der Vielzahl der Flossenbürger Außenlager, die es zu erforschen gilt, als auch wegen der geringen Archiv- und anderer Wissensbestände über das Außenlager Obertraubling gibt es nur wenig wissenschaftliche Literatur über das Thema. Eine konzise Zusammenstellung existiert seit 2007 in dem Sammelband „Flossenbürg: das Konzentrationslager Flossenbürg und seine Außenlager“. Darin hat Ulrich Fritz, ein Kenner des Systems der Flossenbürger Außenlager, alle bestehenden Informationen über Obertraubling zusammengetragen und damit das entscheidende Fundament für weitere Untersuchungen geliefert.

Einige Hinweise liefern zudem die im Kern anderen oder breiteren Themen gewidmeten Bücher „Stadt unterm Hakenkreuz“ (1994), „Stadt und Mutter in Israel“ (1989), „Gedenkstätten für die Opfer des Nationalsozialismus“ (1995), „Bauen im Nationalsozialismus“ (1997), „Justiz und NS-Verbrechen“ (1968ff.), „Die nationalsozialistischen Konzentrationslager“ (1998), „Ihrer Stimme Gehör geben“ (2001) und „Das nationalsozialistische Lagersystem“ (1998), um nur einige zu nennen.

Eine Lücke füllen, die es viel zu lange gegeben hat – Unsere Arbeit

„Ich hoffe, ihr macht einen Film daraus [aus dem Interview].“ (Moishe Mantelmacher)

„Ich hätte mich jederzeit umbringen können [...] aber ich habe das nicht eine Sekunde in Betracht gezogen, weil ich die Gräuel, die meiner Familie und mir angetan wurden, berichten wollte.“ (Jack Wayne)

Viele von uns wussten nicht, dass es ein KZ-Außenlager in unserer näheren Umgebung gab, bis wir auf einem Informationsblatt zu einem P-Seminar am Gymnasium Neutraubling von diesem Thema gelesen haben.

Wir wollten herausfinden, was geschehen war, und haben es zu unserer Arbeit gemacht, die Geschichte dieses Ortes zu erforschen. Unser Ziel ist es, die Menschen zu informieren und ihnen die frühe Geschichte Neutraublings und einen kurzen, aber wichtigen Moment der Geschichte Obertraublings näherzubringen. Das versuchen wir sowohl mit diesem Buch als auch mit einer eigenen Ausstellung ausschließlich zu diesem Thema. Die Bevölkerung hat ein Recht darauf und auch die Pflicht dazu, zu erfahren, was sich vor der eigenen Haustür abgespielt hat. Es geht nicht um Schuld, aber um Verantwortung. Diese wahrzunehmen, bedeutet, sich der Aufgabe zu stellen, das Wissen über historische Abgründe auch in der lokalen Geschichte weiter zu vermitteln und zu verbreiten,

... damit sich die Geschichte nicht wiederholt,

... damit Deutschland nicht wieder ein so dunkles Kapitel Geschichte schreibt,

... damit derer gedacht wird, die ihr Leben, und derer, die ihre Familie und Freunde verloren haben.

Auch in Obertraubling und Neutraubling.

Einblicke, Rückblicke, Ausblicke

Das Schicksal nicht vergessen

„Da ist eine Frage: Warum? Und keine Antwort. – Warum? Warum? Warum?" (Alexander Laks)

„Auf anfängliches Zögern trafen wir bei den Recherchen zum Seminarthema aber zum größten Teil auf Dank. Dank dafür, dass sich junge Leute der Geschichte eines Ortes in all ihren Facetten annehmen. Dank auch dafür, dass persönliche Schicksale nicht in Vergessenheit geraten. Genau das ist der Grund, weshalb es so wichtig ist, zu berichten – auch und gerade nach langer Zeit. ‚Erinnern und nicht vergessen' ist das, wofür wir verantwortlich sind. Wir sind als Nachgeborene nicht schuldig, aber mitverantwortlich, dass sich etwas Derartiges nie wieder wiederholt."[243]
Das schrieb eine Schülerin des Projektseminars als Antwort auf die Frage, welchen Eindruck die bisherige Arbeit auf sie gemacht habe.

Eine große Motivation ist es für jeden Lehrer, wenn er spürt, dass sein Unterricht Wirkung zeigt. Nicht nur im „Laboratorium Schule", also nicht nur gemessen an Noten und Zeugnisbeurteilungen, sondern vor allem, wenn Gelerntes weiterwirkt in die außerschulische Welt und in das Leben der Schüler (oder/und gar der Öffentlichkeit). Sehr oft durfte ich im Seminar dies erleben. Gerade auch, als Alexander Laks jenen oben abgebildeten Satz sprach, der Schweigen und Nachdenken auslöste: *„Und keine Antwort. – Warum? Warum? Warum?"* Dieses Warum konnten wir auch im Projekt nicht klären, wollten es auch nicht. Die Unbegreiflichkeit hat einen eigenen historischen Wert.

Aber in anderer Hinsicht hat dieses Projekt, haben alle Schüler in ihm viel – ich möchte sagen für mich in diesem Maße Unerwartetes – bewirkt. In erster Linie haben sie Verbindungen geschaffen, die von Neutraubling nach Rochester, Colonia und Bloomfield Hills reichen. Das Projekt hat Menschen unterschiedlicher Generationen zusammengebracht und füreinander interessiert. Für mich überraschend war dieses Interesse ein Geben und Nehmen, denn nicht nur wir erfuhren Neues, sondern auch die Überlebenden des Außenlagers Obertraubling sahen diesen, unseren Ort nun noch einmal anders: als Lebensmittelpunkt von jungen Menschen, denen die Lebenswege der Holocaustopfer nicht egal sind. Jack Wayne resümierte in einem Zeitungsartikel: *„Die jungen Deutschen sind nicht anders als junge Menschen überall sonst, diejenigen, die mir all das angetan haben, sind lange tot oder altersschwach."*[244]

Doch selbst nach dem jetzt schon sehenswerten Ergebnis, das das Buch darstellt, wünsche ich dem Projektseminar und den an ihm Beteiligten und von ihm Betroffenen noch Weiteres: den Schülern die Verwirklichung ihres Traums von einem gelungenen Dokumentarfilm, allen Projektbeteiligten ein Gefühl der Bereicherung durch die Ergebnisse unserer Recherchen, der Schule einen anhaltenden Kontakt zur Gedenkstätte Flossenbürg, den Überlebenden die Gewissheit, dass ihr Schicksal nicht vergessen wird, und der Öffentlichkeit die Offenheit, die Vielgesichtigkeit der eigenen Geschichte bewusst wahrzunehmen.

Heike Wolter

Arbeit des P-Seminars Geschichte am PC für das vorliegende Buchprojekt

„Wenn der Krieg um 11 Uhr aus ist, seid ihr um 10 Uhr alle tot!"

Nachwort

„Was bleibt? – Nachwirkungen des Konzentrationslagers Flossenbürg" – Unter diesem Titel wurde im Oktober 2010 die zweite Dauerausstellung in der KZ-Gedenkstätte Flossenbürg eröffnet. Sie zeigt, was nach 1945 aus dem ehemaligen Lager-Ort geworden ist, wie sich das Gedenken an das KZ und seine Opfer entwickelte, aber auch, was mit den Tätern geschah und was mit den Überlebenden.

Zu den Nachwirkungen des Konzentrationslagers Flossenbürg zählt im weiteren Sinne auch das vorliegende Buch. Was ist vom ehemaligen Außenlager Obertraubling geblieben? Augenscheinlich nichts. Die Häftlingsunterkunft steht nicht mehr, der spätere KZ-Friedhof wurde fast spurlos geräumt.

Aber die Nachwirkungen der Vergangenheit sind nicht nur in Stein gemeißelt. Der Name Obertraubling ist den Überlebenden im Gedächtnis geblieben, die dieses Lager unter schrecklichen Umständen überlebten und auf das Kriegsende hofften. Der Name Obertraubling erscheint in Verwaltungsakten des KZ Flossenbürg ebenso wie in Ermittlungen juristischer Instanzen. Das bleibt.

Um die vorhandenen Spuren zum Sprechen zu bringen, muss jemand Fragen stellen: Was ist hier passiert? Wer war an diesem Ort? Und warum weiß man heute so wenig davon? Die Schülerinnen und Schüler des P-Seminars am Gymnasium Neutraubling sind nicht die ersten, die sich diese Fragen stellen.

Vor ihnen haben Juristen untersucht, ob im Außenlager Obertraubling Verbrechen gegen die Menschlichkeit begangen wurden. Später haben Historiker die Geschichte des Außenlagers rekonstruiert. Aber für die Schüler vor Ort hat diese Geschichte eine besondere Bedeutung. Sie gehört eben auch zur Heimatgeschichte, wenn auch nicht von der Art, die man bei Jubiläen und Jahrestagen gerne erzählt.

Nachfragen, sich erinnern, andere an Vergessenes erinnern – was an Gedenktagen gefordert wird, ist eine dauerhafte Anforderung an uns alle. Dafür, dass sie sich dieser Anforderung gestellt haben, danke ich den Projektteilnehmern sehr herzlich und wünsche ihrem Buch eine zahlreiche und interessierte Leserschaft!

Ulrich Fritz
Stiftung Bayerische Gedenkstätten

Was bleibt – ein Teil der Dauerausstellung in der KZ-Gedenkstätte Flossenbürg.

Literatur und Quellen

Publikationen

Absolon, Rudolf: Die Wehrmacht im Dritten Reich. Bd. III. Boppard am Rhein, 1975.

Absolon, Rudolf: Die Wehrmacht im Dritten Reich. Bd. IV. Boppard am Rhein, 1979.

Benz, Wolfgang: Die Allgegenwart des Konzentrationslagers. Außenlager im nationalsozialistischen KZ-System. In: KZ-Außenlager - Geschichte und Erinnerung (=Dachauer Hefte 15). Dachau, 1999. S. 3-16.

Ehm, Rainer: Auch im Landkreis starben KZ-Häftlinge. In: Mittelbayerische Zeitung. 23./24.11.1991.

Ehm, Rainer: Das „Wunder von Schierling" war viel größer. In: Zur Geschichte der MUNA - Schierling (Beilage zum Regionalmagazin „Im Labertal"). 2+3/2010. S. 3-17.

Ehm, Rainer: Der Flugplatz Cham-Michelsdorf im März 1939 … im Spiegel des „Kriegstagebuchs" seines „Leithorsts Regensburg-Obertraubling". In: Beiträge zur Geschichte im Landkreis Cham, 6/1989, S. 237-256.

Ehm, Rainer: Der Krieg, der Vater allen Bauens. Luftschutzrecht und Planungsrichtlinien für das Bauwesen als Faktoren für die Stadtentwicklung 1933-1939/45. In: Neuer Kunstverein Regensburg (Hrsg.): Architektur in Regensburg 1933-1945. Regensburg 1989. S. 109-123.

Ehm, Rainer: Erinnerung an 700 Tote. In: Die Woche (Regensburg). 13.10.1988. S. 14.

Ehm, Rainer: Neutraubling. In: Bundeszentrale für politische Bildung (Hrsg.): Gedenkstätten für die Opfer des Nationalsozialismus. Eine Dokumentation. Bd. 1. Bonn, 1995. S. 178.

Ehm, Rainer: Regensburg. In: Bundeszentrale für politische Bildung (Hrsg.): Gedenkstätten für die Opfer des Nationalsozialismus. Eine Dokumentation. Bd. 1. Bonn, 1995. S. 184-188.

Ehm, Rainer: Schicksalsort Regensburg. In: Stadt Regensburg (Hrsg.): Stadt und Mutter in Israel. Jüdische Geschichte und Kultur in Regensburg. Ausstellungskatalog. Regensburg,1989. S. 113-116

Evangelisches Bildungswerk Regensburg e.V. (Hrsg.): Programm 1. Sept. 1991-29. Feb. 1992. Programmheft. Regensburg, 1991.

Feidel, Michael: Außenlager des Konzentrationslagers Flossenbürg in Bayern (Zulassungsarbeit). Regensburg, 1992.

Fendl, Elisabeth: Aufbaugeschichten. Eine Biografie der Vertriebenengemeinde Neutraubling. Marburg, 2006.

Fendl, Josef: Die Geschichte unserer neuen Heimat IV. Neutraublinger Anzeiger, 24.10.1968. S.1.

Fritz, Ulrich: Obertraubling. In: Benz, Wolfgang / Distel, Barbara (Hrsg.): Flossenbürg: Das Konzentrationslager Flossenbürg und seine Außenlager. München, 2009. S. 213-216.

Fritz, Ulrich: Plattling. In: Benz, Wolfgang / Distel, Barbara (Hrsg.): Flossenbürg: Das Konzentrationslager Flossenbürg und seine Außenlager. München, 2009. S. 220-223.

Fritz, Ulrich: Regensburg. In: Benz, Wolfgang / Distel, Barbara (Hrsg.): Flossenbürg: Das Konzentrationslager Flossenbürg und seine Außenlager. München, 2009. S. 237-240.

Fritz, Ulrich: Saal an der Donau. In: Benz, Wolfgang / Distel, Barbara (Hrsg.): Flossenbürg: Das Konzentrationslager Flossenbürg und seine Außenlager. München, 2009. S. 244-247.

Geissler, Cornelia: Der traurigste Tag. In: Berliner Zeitung. 21.1.2011. S. 3.

Halter, Helmut: Stadt unterm Hakenkreuz. Kommunalpolitik in Regensburg während der NS-Zeit. Regensburg, 1994.

Hermes, Karl: Neutraubling. Geographische Skizze seiner Entwicklung. In: Fendl, Josef (Hrsg): Neutraubling. Junge Stadt im alten Donaugau. Regensburg 1989. S. 107-141.

Jaumann, Michael: Mahnmal: Kein Kranz bei Naziopfern. In: Mittelbayerische Zeitung. 22.11.2007.

Müller, Gerhard: 1. Oberpfälzer Kultur- und Militärmuseum Gräfenwöhr. Ausstellungskatalog. Grafenwöhr 1990.

Museum der Stadt Neutraubling (Hrsg.): 60 Jahre Kriegsende und Neubeginn. Flugplatz Obertraubling – Neutraubling. Dokumentation zur Sonderausstellung vom 25. April bis 12. Juni 2005. Neutraubling, 2006.

Neumann, Wenzel: Ein sichtbares Zeichen der Erinnerung. In: Donau-Post, 21.11.2006.

O.V., Einweihung des Ehrenmales am 17. Juli 1964. In: Neutraubinger Geschäftsanzeiger, 12/1964. S.1.

O.V., Vor 50 Jahren: Flucht, Deportation, Vertreibung, Neubeginn. In: Neutraublinger Anzeiger, 17/1995. S.1.

O.V.: „Ja damals" Sommeridylle 1946. In: Neutraublinger Anzeiger. 13/1993. S. 6.

O.V.: 60 Jahre Schule in Neutraubling. In: Neutraublinger Anzeiger. 21/2008.

O.V.: Ausstellung zur Geschichte Neutraublings wurde eröffnet. In: Neutraublinger Anzeiger. 12/1996. S. 15.

O.V.: Der KZ-Friedhof in Neutraubling wird nach Neuenahr verlegt. In: Mittelbayerische Zeitung. 1./2.9.1956.

O.V.: Drei Nachbargemeinden pflanzen einen Baum. In: Neutraublinger Anzeiger, 21/2001. S. 1.

O.V.: Eltheim, die Geschichte eines Dorfes und die seiner Bewohner. Eltheim, 2011.

O.V.: Sonderausstellung macht die Gründung Neutraublings lebendig. In: Neutraublinger Anzeiger. 8/2005. S.1.

O.V.: Stadtrat macht Weg frei für Gedenkstein. In: Mittelbayerische Zeitung. 22./23.7.2006.

O.V., Viele KZ- und Ausländergräber sind zu Allerheiligen geschmückt. In: Mittelbayerische Zeitung. 31.10.1955.

Ostermann, Rainer: Kriegsende in der Oberpfalz. Ein historisches Tagebuch. Regensburg, 1995.

Owody, Franz: Ausschreibung – Ehrenmal. In: Neutraublinger Geschäftsanzeiger. Nr.4/1960. S.8.

Rashke, Richard: Escape From Sobibor. Boston, 1982.

Rüter-Ehlermann, Adelheid / Rüter, Christiaan F. u.a. (Hrsg.): Justiz und NS-Verbrechen. Amsterdam, 1969 ff. – Bd. XI: Die vom 17.06.1953-04.12.1953 ergangenen Strafurteile. 1974. Fall 379 (Akdo. Obertraubling, u.a. Kapo Josef Kierspel). S. 497-658. / Bd. XIII: Die vom 17.11.1954-27.06.1956 ergangenen Strafurteile. 1975. Fall 416 b (Akdo. Obertraubling, u.a. Kapo Josef Kierspel). S. 227-234.

Sachs, Ruth Hanna: Leaflets of our resistance. Bd. 1, Phoenixville, 2009.

Schmitzer, Hans: 1995 – ein Gedenkjahr ... zur Abrundung der Neujahrsansprachen. In: Neutraublinger Anzeiger. 2/1995. S.9.

Schmitzer, Hans: Volkstrauertag 1995: Wir gedenken der Gefallenen der Kriege. In: Neutraublinger Anzeiger. 22/1995. S.1.

Schmitzer, Hans: Wie halten wir es mit unserem Herkommen? In: Neutraublinger Anzeiger. 4/1988. S.7.

Schmoll, Peter: Die Messerschmitt-Werke im Zweiten Weltkrieg. Regensburg, 2004.

Schmoll, Peter: Messerschmitt-Giganten. Und der Fliegerhorst Regensburg-Obertraubling. Regensburg, 2002.

Simon-Pelanda, Hans: Im Herzen der Stadt. Das Außenlager Colosseum in Regensburg. In: Konzentrationslager: Lebenswelt und Umfeld (=Dachauer Hefte 12). Dachau, 1996. S. 159-168.

Skriebeleit, Jörg: Aus den Vernichtungslagern in die Oberpfalz. Eine Bestandsaufnahme zu den jüdischen Häftlingen im KZ Flossenbürg. In: Brenner, Michael / Höpfinger, Renate (Hrsg.): Die Juden in der Oberpfalz. München, 2009. S. 213-219.

Skriebeleit, Jörg: Erinnerungsort Flossenbürg: Akteure, Zäsuren, Geschichtsbilder. Göttingen, 2009.

Skriebeleit, Jörg: Flossenbürg – Hauptlager. In: Benz, Wolfgang / Distel, Barbara (Hrsg.): Flossenbürg: Das Konzentrationslager Flossenbürg und seine Außenlager. München, 2009. S. 11-60.

Terry, Jack / Nitecki, Alicia: Jakub's World. A Boy's Story of Loss and Survival in the Holocaust. Albany, 2005.

Tichonowitsch, Martschenko T.: Wir arbeiteten Tag und Nacht - Ich hatte die Nummer 75815. In: Donaustrudl, März 2002. S. 39.

Ullrich, Volker: Das Ende. Über Todesmärsche der KZ-Häftlinge in den letzten Monaten des Krieges hat der Historiker Daniel Blatman ein großes Werk verfasst. In: Die Zeit, 27.1.2011. S. 51.

Vilsmeier, Gabriele: Werden und Wachsen von Neutraubling (Zulassungsarbeit), 1964.

Vilsmeier, Gabriele: Der Flugplatz Neutraubling. In: Fendl, Josef: Neutraubling – Junge Stadt im alten Donaugau. Regensburg, 1988. S. 51-64.

Vilsmeier, Gabriele: Flugplatz Neutraubling. In: Die Oberpfalz. Heimatzeitschrift für den ehemaligen Bayerischen Nordgau. 7/1976. S. 201-206.

Waller, Ernst: Auf Neutraublinger Boden stand ein KZ. In: Mittelbayerische Zeitung, 16./17.4.2005.

Waller, Ernst: Das lange Warten auf ein KZ-Mahnmal. In: Mittelbayerische Zeitung, 22.4.2005.

Waller, Ernst: KZ-Gedenkstein erneut auf der Agenda. In: Mittelbayerische Zeitung, 7.7.2006.

Waller, Ernst: KZ-Opfer: Türen bleiben geschlossen. In: Mittelbayerische Zeitung, 23./24.5.2005.

Waller, Ernst: Vom Trümmerfeld zur blühenden Stadt. In: Mittelbayerische Zeitung, 21.4.2005.

Wenzl, Claudia: Die bäuerliche Bevölkerung im Dritten Reich. Eine Untersuchung der wirtschaftlichen Lage und der politischen Einstellung der Landbevölkerung im Dritten Reich an Hand der Regierungspräsidentenberichte der Oberpfalz von 1933 bis 1945 (Zulassungsarbeit). Regensburg, ca. 1980. S.87.

Zweck, Erich: Die Nationalsozialistische Deutsche Arbeiterpartei in Regensburg von 1922 – 1933, in: Verhandlungen des Historischen Vereins für Oberpfalz und Regensburg. 124/1984. S. 149-259.

Zeitzeugenaussagen

Brief- und Emailkorrespondenz mit Jack Wayne aus West Bloomfield zwischen 6.5. und 31.7.2011.

Interview mit Emil und Bernard Kalfus in Colonia, NY (USA) am 16.6.2011.

Interview mit Moishe Mantelmacher in Rochester, NY (USA) am 12.6.2011.

Interviewtranskript aus einem Gespräch zwischen Jack Terry und Thomas Muggenthaler aus dem Jahr 2009. Online abrufbar: http://www.gedenkstaettenpaedagogik-bayern.de/flossenbuerg-terry.htm (Abruf vom 1.8.2011).

Zeitzeugenbericht von Johanna Doerfler über das Jahr 1945 in Niedertraubling, niedergeschrieben 1966. (Abschrift: Wolfgang Bauer, 1983)

United States Holocaust Memorial Museum: Überlebenden-Interview Henry Stahlberger.

United States Holocaust Memorial Museum: Überlebenden-Interview Herbert Hein.

United States Holocaust Memorial Museum: Überlebenden-Interview Jack Wayne.

Zeitzeugengespräch mit Alexander Laks in der Gedenkstätte Flossenbürg am 16.7.2011.

Zeitzeugengespräch mit Georg Gattinger in Oberhinkofen am 18.5.2011.

Zeitzeugengespräch mit Gerhard Schulz in Obertraubling am 27.4.2011.

Zeitzeugengespräch mit Jack Terry in Neutraubling am 19.7.2011.

Archivalien

Gedenkstätte Flossenbürg (Leihgeber): Prozessakte Cornelius Schwanner – Direct Examination. S. 7045-7096.

Gedenkstätte Flossenbürg (Leihgeber): Prozessakte Cornelius Schwanner – Cross Examination. S. 7096-7123.

Gedenkstätte Flossenbürg (Leihgeber): Prozessakte Cornelius Schwanner – Redirect Examination. S. 7123-7136.

Gedenkstätte Flossenbürg: Auszug aus der Häftlingsdatenbank. Filterung: Außenlager Obertraubling.

Gemeindearchiv Obertraubling: Brief des Bürgermeisters der Gemeinde Gebelkofen an den Landrat Regensburg vom 11.3.1946.

Gemeindearchiv Obertraubling: Fotoarchiv. 32, 322.

National Archives and Records Administration: Brief von Margarethe Schwanner an das Kommando der US-Armee vom 27.7.1947. RG 153 12_583. Mikrofilm.

National Archives and Records Administration: Brief von Anna Schwanner an das Kommando der US-Armee vom 20.2.1947. RG 153 12_583. Mikrofilm.

National Archives and Records Administration: Brief des Bürgermeisters Hiertl (?) aus Mondsee, Österreich, an das Kommando der US-Armee vom 5.7.1947. RG 153 12_583. Mikrofilm.

Stadtarchiv Neutraubling: Akte Außenlager Obertraubling des KZ Flossenbürg, 20.2.-15.4.1945.

Stadtarchiv Neutraubling: Brief der Bayerischen Verwaltung der Staatl. Schlösser, Gärten und Seen an die Landratsämter und Stadtverwaltungen vom 19.8.1954. In: Ordner KZ-Außenlager, KZ-Friedhof, KZ-Häftlinge (Allgemein).

Stadtarchiv Neutraubling: Brief der Bayerischen Verwaltung der Staatl. Schlösser, Gärten und Seen an das Landratsamt Regensburg vom 13.6.1956. In: Ordner KZ-Außenlager, KZ-Friedhof, KZ-Häftlinge (Allgemein).

Stadtarchiv Neutraubling: Brief der Bayerischen Verwaltung der Staatl. Schlösser, Gärten und Seen an die Gemeinde Neutraubling vom 1.8.1956. In: Ordner KZ-Außenlager, KZ-Friedhof, KZ-Häftlinge (Allgemein).

Stadtarchiv Neutraubling: Brief des Bürgermeisters an das Landratsamt Regensburg vom 21.6.1957. In: Ordner KZ-Außenlager, KZ-Friedhof, KZ-Häftlinge (Allgemein).

Stadtarchiv Neutraubling: Brief des Bürgermeisters an den Volksbund Deutsche Kriegsgräberfürsorge e.V. vom 21.6.1956. In: Ordner KZ-Außenlager, KZ-Friedhof, KZ-Häftlinge (Allgemein).

Stadtarchiv Neutraubling: Brief des Bürgermeisters an die Bayerische Verwaltung der Staatl. Schlösser, Gärten und Seen vom 3.9.1956. In: Ordner KZ-Außenlager, KZ-Friedhof, KZ-Häftlinge (Allgemein).

Stadtarchiv Neutraubling: Brief des Bürgermeisters an Herrn Johann Michl vom 28.8.1953. In: Ordner KZ-Außenlager, KZ-Friedhof, KZ-Häftlinge (Allgemein).

Stadtarchiv Neutraubling: Brief des Landratsamtes Regensburg an den Bürgermeister vom 18.6.1957. In: Ordner KZ-Außenlager, KZ-Friedhof, KZ-Häftlinge (Allgemein).

Stadtarchiv Neutraubling: Errichtung eines KZ-Gedenksteines in Neutraubling. Besprechungen am 11.7.2006 und

Beschluss am 20.7.2006. In: Ordner KZ-Außenlager, KZ-Friedhof, KZ-Häftlinge (Allgemein).

Stadtarchiv Neutraubling: Seminararbeit von Christina Peintinger, 1.10.2010. In: Ordner KZ-Außenlager, KZ-Friedhof, KZ-Häftlinge (Allgemein).

Stadtarchiv Neutraubling: Zeitzeugen-Interview mit Ernst Schröder am 8.11.2005.

Zentrale Stelle der Landesjustizverwaltungen Ludwigsburg, NL Obertraubling. Bd.1. Prozessakten.

Zentrale Stelle der Landesjustizverwaltungen Ludwigsburg, NL Obertraubling. Bd.2. Prozessakten.

Sonstige Quellen

Aigner, Stefan: Regensburger Geschichte endet mit dem Mittelalter. In: regensburg-digital.de. Online abrufbar unter: http://www.regensburg-digital.de/regensburger-geschichte-endet-mit-dem-mittelalter/03082009/ (Abruf vom 1.8.2011).

Gordon, Samuel: Jack Wayne. Remembering the Holocaust. 22.2.2010. In: The Andover Shield. Online abrufbar unter: http://andovershield.com/2010/02/remembering-the-holocaust/ (Abruf vom 8.8.2011].

Redaktion regensburg-digital.de: Colosseum-Gedenken „sehr beschämend". 4.8.2011. In: regensburg-digital.de. Online abrufbar unter: http://www.regensburg-digital.de/colosseum-gedenken%E2%80%9Esehr-beschamend%E2%80%9C/04082011/ (Abruf vom 10.8.2011).

Bildnachweis

Bild auf dem Schmutztitel: Privatbesitz Fabian Nußer.

Bild auf S.15: Privatbesitz Heike Wolter. Anonymisiert.

Bild auf S.27: KZ-Gedenkstätte Flossenbürg / National Archives, Washington D.C.

Bild auf S.62: Privatbesitz Fabian Nußer

Bild auf S.63: Baldauf und Baldauf / KZ-Gedenkstätte Flossenbürg

Bild 1: Privatbesitz Moishe Mantelmacher.

Bild 2: Privatbesitz Emil Kalfus.

Bild 3: Privatbesitz Bernard Kalfus.

Bild 4: Privatbesitz Fabian Nußer.

Bild 5: US Air Force, abgebildet bei: Schmoll, Messerschmitt-Giganten. S.147.

Bild 6: Stadtarchiv Neutraubling.

Bild 7: Privatbesitz Gerhard Schulz.

Bild 8: KZ-Gedenkstätte Flossenbürg / National Archives, Washington D.C.

Bild 9: National Archives, Washington D.C.

Bild 10: KZ-Gedenkstätte Flossenbürg / ITS Bad Arolsen, ca. 1950.

Bild 11: KZ-Gedenkstätte Dachau.

Bild 12: KZ-Gedenkstätte Dachau. Abfotografiert von Sara D. Ray. Online abrufbar unter: http://4.bp.blogspot.com/_tyW5YBYLpqk/RoA6uWqYeLI/AAAAAAAAAWs/m61iN-rldbPw/s1600-h/Trips+with+Cody+137.jpg. (Abruf vom 9.8.2011).

Bild 13: KZ-Gedenkstätte Flossenbürg / Association de Flossenbürg, Paris.

Bild 14: KZ-Gedenkstätte Flossenbürg / National Archives, Washington D.C.

Bild 15: Gemeindearchiv Obertraubling.

Bild 16: Gemeindearchiv Obertraubling.

Bild 17: Gemeindearchiv Obertraubling.

Bild 18: Gemeindearchiv Obertraubling.

Bild 19: Gemeindearchiv Obertraubling.

Bild 20: Stadtarchiv Neutraubling.

Bild 21: Stadtarchiv Neutraubling.

Bild 22: Stadtarchiv Neutraubling.

Bild 23: Stadtarchiv Neutraubling.

Bild 24: Privatbesitz Fabian Nußer.

Bild 25: Stadtarchiv Neutraubling.

Bild 26: Privatbesitz Fabian Nußer.

Bild 27: Stadtarchiv Neutraubling.

Bild 28: Privatbesitz Heike Wolter.

Bild 29: Privatbesitz Fabian Nußer.

Bild 30: Privatbesitz Fabian Nußer.

Bild 31: Stadtarchiv Neutraubling.

Bild 32: Privatbesitz Heike Wolter.

Zitatnachweis

1   http://nachrichten.freenet.de/wissenschaft/geschichte/nazis-unter-adenauer_737150_533364.html (letzter Zugriff: 2.8.2011).

2   Leitthema: „Spurensuche – Lebenswege jüdischer Häftlinge des Außenlagers Obertraubling (KZ Flossenbürg)"

3   Vgl. dazu und im Folgenden: Skriebeleit, Aus den Vernichtungslagern in die Oberpfalz. S.214f.

4   Vgl. a.a.O. S.215ff.

5   Vgl. a.a.O. S.214ff.

6   Vgl. Skriebeleit, Flossenbürg – Hauptlager. S.25.

7   Vgl. Skriebeleit, Aus den Vernichtungslagern in die Oberpfalz. S.218ff.

8   Vgl. dazu und im Folgenden: Skriebeleit, Flossenbürg – Hauptlager. S.28.

9   Vgl. a.a.O. S.23.

10   Vgl. a.a.O. S.31.

11   Vgl. Skriebeleit, Aus den Vernichtungslagern in die Oberpfalz. S.220.

12   Vgl. Skriebeleit, Flossenbürg – Hauptlager. S.34.

13   Skriebeleit, Erinnerungsort Flossenbürg. S.47.

14   Vgl. a.a.O. S.47.

15   Vgl. dazu und im Folgenden: Skriebeleit, Aus den Vernichtungslagern in die Oberpfalz. S.221f.

16   Vgl. Skriebeleit, Flossenbürg – Hauptlager. S.42.

17   Vgl. dazu und im Folgenden: Skriebeleit, Erinnerungsort Flossenbürg. S.48.

18   Zeitzeugengespräch Alexander Laks.

19   A.a.O.

20   Vgl. Skriebeleit, Flossenbürg – Hauptlager. S.50f.

21   Vgl. Interviewtranskript Jack Terry (in Auszügen) auf http://www.gedenkstaettenpaedagogik-bayern.de/flossenbuerg-terry.htm (Abruf vom 1.8.2011).

22   Vgl. dazu und im Folgenden: Fritz, Plattling. S.220ff.

23   Vgl. dazu und im Folgenden: Fritz, Saal an der Donau. S.244ff.

24   Vgl. Simon-Pelanda, Im Herzen der Stadt. S.161ff.

25   Vgl. Fritz, Regensburg. S.239

26   Vgl. Schmoll, Die Messerschmitt-Werke. S.184-186.

27   Vgl. dazu und im Folgenden: Eltheim. S.93f.

28   Vgl. dazu und im Folgenden: Ehm, Der Flugplatz Cham-Michelsdorf im März 1939. S.240f. Ehm, Der Krieg, S. 117. Halter, Stadt unterm Hakenkreuz, S. 313f. Schmoll, Messerschmitt-Giganten. S.13.

29   Vgl. Vilsmeier, Der Flugplatz Obertraubling. S.51.

30   Vgl. Flurpläne des Vermessungsamtes Regensburg.

31   Vgl. Schmoll, Messerschmitt-Giganten. S.13.

32   Vgl. Vilsmeier, Der Flugplatz Obertraubling. S.52.

33   Vgl. Ehm, Der Flugplatz Cham-Michelsdorf im März 1939. S.244. Museum der Stadt Neutraubling, 60 Jahre Kriegsende. S.82.

34   Vgl. Pläne in: Vilsmeier, Werden und Wachsen von Neutraubling. Anlagen.

35   Vgl. a.a.O. S.20.

36   Vgl. Brief Fliegerhorstkommandantur Obertraubling 1939. Zitiert bei: Vilsmeier, Der Flugplatz Obertraubling. S.53.

37   Vgl. Vilsmeier, Der Flugplatz Obertraubling. S.53ff.

38   Solche Sondereinheiten, Vorläufer der späteren Bewährungseinheiten, versammelten zwangsweise disziplinarisch aufgefallene Wehrmachtsangehörige, wie auch beispielsweise sogenannte „deutschblütige Juden" und wehrpflichtige Söhne politisch Verfolgter. Wir danken Herrn Rainer Ehm für die Auskunft über den Charakter dieser Kommandos. Vgl. Müller, 1. Oberpfälzer Kultur- und Militärmuseum Gräfenwöhr. S.76. Absolon, Die Wehrmacht im Dritten Reich. Bd. III. S.101ff. Absolon, Die Wehrmacht im Dritten Reich. Bd. IV. S.345f.

39   Vgl. Vilsmeier, Werden und Wachsen von Neutraubling. S.20.

40   Vgl. Vilsmeier: Der Flugplatz Obertraubling. S.56.

41   Vgl. dazu und im Folgenden: Zeitzeugengespräch Gerhard Schulz.

42   Vgl. Vilsmeier, Der Flugplatz Obertraubling. S.57.

43   Vgl. dazu und im Folgenden: Museum der Stadt Neutraubling, 60 Jahre Kriegsende. S.16ff.

44   Vgl. dazu und im Folgenden: Vilsmeier, Der Flugplatz Neutraubling. S.58.

45   Interview Moishe Mantelmacher: *"… when the American and the English come bomb, the SS and the guards they had a bunker to go in, but they wouldn't let us in. So we hid under the lores. So somebody gets killed and somebody not. I was lucky, I was not got killed."*

46   Vgl. dazu und im Folgenden: Schmoll, Messerschmitt-Giganten. S.143.

47   Vgl. Endnote 41.

48   Vgl. Zentrale Stelle der Landesjustizverwaltungen Ludwigsburg, NL Obertraubling. Bd.2. Bl.301. (Nach den Angaben des Katalogs des Internationalen Suchdienstes beim Roten Kreuz in Arolsen – Vorläufiges Verzeichnis der Konzentrationslager und deren Außenkommandos vom Februar 1969)

49 Vgl. Zentrale Stelle der Landesjustizverwaltungen Ludwigsburg, NL Obertraubling. Bd.1. Bl.1.

50 Zentrale Stelle der Landesjustizverwaltungen Ludwigsburg, NL Obertraubling. Bd.2. Bl. 301.

51 Vgl. Neumann, Ein sichtbares Zeichen der Erinnerung.

52 Vgl. Waller, Auf Neutraublinger Boden stand ein KZ.

53 Vgl. Prozess Schwanner – Anlage 42. Sowie: Faksimileabbildung in diesem Buch.

54 Vgl. Zentrale Stelle der Landesjustizverwaltungen Ludwigsburg, NL Obertraubling. Bd.2. Bl.303.

55 Vgl. Waller, Auf Neutraublinger Boden stand ein KZ.

56 Vgl. Vilsmeier, Werden und Wachsen von Neutraubling. S.29.

57 Auch Schreibweisen Berek oder Bereck Pilla möglich.

58 Interview Moishe Mantelmacher [M = Mantelmacher, W = Wolter]: *"M: [...] it was a kitchen beside. M: I even remember the names of the two brothers that they run the kitchen. W: Who was it? M: They lived through, they lived through. They worked in the kitchen, they had to eat. W: And what was their names? Do you remember? M: Yes, the older brother was named Berec Pilla and the younger brother was named Avrum."*

59 A.a.O., *"M: Every morning. Ja. Appellplatz. W: Appellplatz. Yes. Was it ..., where was it? M: It was, there for the barrack where we lived. It was a (...) , a (...) nothing else. It was over here. W: So it was in front of the building. M: Ja. In the front. And they counted, they counted a hundred times. God forbid that somebody was missing. We could stay sometimes four or five hours. They kept on counting."*

60 Vgl. Prozess Schwanner – Lageplan (= Anlage 42).

61 Interview Moishe Mantelmacher: *"M: We did not see, but we saw once in a while a plane coming from underground. ... That's all what we know and after by ourselves we were thinking there must be a big factory over there. To put together the planes or something like that. W: But this was separated from the camp? M: Separated by a half a mile away."*

62 Vgl. Vilsmeier, Werden und Wachsen von Neutraubling. S.40.

63 20. Februar 1945.

64 Die Zahlen aus der Literatur (600), aus Prozessakten (etwa 600) und aus der Auswertung der Häftlingsdatenbank (594) divergieren leicht.

65 Vgl. Prozess Schwanner – Cross Examination. S.7116ff.

66 Vgl. Zentrale Stelle der Landesjustizverwaltungen Ludwigsburg, NL Obertraubling. Bd.2. Bl.304.

67 Vgl. Fritz, Obertraubling. S.215.

68 Stadtarchiv Neutraubling: Interview mit Ernst Schröder.

69 Zentrale Stelle der Landesjustizverwaltungen Ludwigsburg, NL Obertraubling. Bd.2. Bl.304ff.

70 Kierspel ist verurteilt worden, sein Prozess wurde veröffentlicht in: Rüter-Ehlermann u.a. (Hrsg.), Justiz und NS-Verbrechen.

71 Die Tätigkeit des Häftlingsarztes ist unsicher, da mehrere Häftlinge angaben, es habe keinerlei ärztliche Versorgung gegeben.

72 Geissler, Der traurigste Tag.

73 Interview Moishe Mantelmacher.

74 Vgl. a.a.O. im Gesamten.

75 Vgl. Neumann, Ein sichtbares Zeichen der Erinnerung.

76 Zentrale Stelle der Landesjustizverwaltungen Ludwigsburg, NL Obertraubling. Bd.1. Bl.122.

77 Vgl. Zentrale Stelle der Landesjustizverwaltungen Ludwigsburg, NL Obertraubling. Bd.2. Bl.305.

78 Interview Moishe Mantelmacher: *"It was no Krankenbau. It was no doctor. It was nothing at all. You went over there to die."*

79 Vgl. Prozess Schwanner – Redirect Examination. S.7104.

80 Vgl. Seminararbeit Christina Peintinger, 1.10.2010

81 Vgl. Zentrale Stelle der Landesjustizverwaltungen Ludwigsburg, NL Obertraubling. Bd.2. Bl.303.

82 Vgl. dazu und im Folgenden: Prozess Schwanner – Redirect Examination. S.7123f.

83 Vgl. Prozess Schwanner – Redirect Examination. S.7083.

84 Vgl. a.a.O. S.7083ff.

85 Vgl. Fritz, Obertraubling. S.215.

86 Vgl. Prozess Schwanner – Cross Examination. S.7114.

87 Vgl. Zentrale Stelle der Landesjustizverwaltungen Ludwigsburg, NL Obertraubling. Bd.2. Bl.307f. Museum der Stadt Neutraubling: 60 Jahre Kriegsende. S.32f. Schmoll: Messerschmitt-Giganten. S.142 und 157.

88 Vgl. Zentrale Stelle der Landesjustizverwaltungen Ludwigsburg, NL Obertraubling. Bd.1. Bl.123.

89 Vgl. a.a.O.

90 Vgl. a.a.O.

91 Interview Moishe Mantelmacher: *"They gave you 100 grams of bred, 10 deka of bred and about half a litre soup."*

92 Vgl. a.a.O.: *"Would you believe that I eat grass over there, just like a cow or a horse. Grass – and it didn't bother me."*

93 Vgl. a.a.O.: *"Instead to give a half litre soup, he gave a quarter of a litre."*

94 Vgl. a.a.O.: *"He sold it maybe, some people maybe, some people had some money or something, he sold it."*

95 A.a.O.: *"Because nobody could take a shower no water, for 68 days! The same clothing you slept, the same clothing we went to work, the same clothing we came home."* Offiziell bestand das Lager vom 20.2.1945 bis 18.4.1945, also 58 Tage. Möglicherweise ist die Zahl 68 ein Versprecher des Zeitzeugen.

96 Zwischen Roith und Friesheim gelegen.

97 Bei Hagelstadt gelegen.

98 Vgl. Schmoll, Messerschmitt-Giganten. S.143.

99 Vgl. Vilsmeier, Werden und Wachsen von Neutraubling. S.100.

100 Interview Moishe Mantelmacher: auch im Original auf Deutsch gesprochen.

101 Vgl. Museum der Stadt Neutraubling, 60 Jahre Kriegsende. S.32f.

102 Vgl. Prozess Schwanner – Cross Examination. S.7082.

103 Vgl. Zentrale Stelle der Landesjustizverwaltungen Ludwigsburg, NL Obertraubling. Bd.1. Bl.45.

104 United States Holocaust Memorial Museum: Überlebenden-Interview Henry Stahlberger.

105 Email von Jack Wayne an das P-Seminar vom 16.5.2011: *"At this camp I became seriously ill and was placed in the infirmary. This camp was evacuated and the seriously ill prisoners, like myself, were shipped by trucks to Dachau."*

106 Vgl. dazu und im Folgenden: Prozess Schwanner – Direct Examination. S.7081ff

107 Interview Moishe Mantelmacher: *"It was not even a quarter of water to wash your face. It was no Krankenbau. It was no doctor. It was nothing at all. You went over there to die. And this is it. They didn't kill you, but you died by yourself."*

108 Vgl. Feidel, Außenlager. S.23.

109 Interview Emil und Bernard Kalfus: *"You couldn't get ill, when you got ill, you were finished. So most of the people died of hunger or illnesses, they got ill and they died."*

110 Fendl, Die Geschichte unserer neuen Heimat IV.

111 Interview Moishe Mantelmacher: *"W: And did you notice that the Americans were near Obertraubling? M: Oh ja, oh ja. The planes were coming twice a day. Oh sure, we noticed that, oh ja."*

112 A.a.O.: *"W: And did you notice that that would mean freedom for you? M: Naturally. What else but freedom? Ja."*

113 Ehm: Das „Wunder von Schierling". S.11.

114 Vgl. Ullrich, Das Ende.

115 Gemeindearchiv Obertraubling, Brief des Bürgermeisters der Gemeinde Gebelkofen an den Landrat Regensburg.

116 Waller, Auf Neutraublinger Boden stand ein KZ.

117 United States Holocaust Memorial Museum: Überlebenden-Interview Henry Stahlberger.

118 Interview Moishe Mantelmacher: *"I walked naked, I had a bra."*

119 A.a.O.: *"Aah, it was not too bad, not too bad, you know, they hold the guns like that, they had an order, but it was no shooting down or something like that, you know."*

120 A.a.O.: *"We was 22 or 27, we came into Dachau."*

121 A.a.O.: *"When I came into Dachau, I weighted 68 pounds. I was nineteen years old."*

122 A.a.O.: *"In Dachau they treated us good, (that) Dachau was an organized concentration camp. They gave you a bed where to sleep, they gave you a blanket, Dachau was well."*

123 Jack Terry zitiert bei: Geissler, Der traurigste Tag.

124 Interview Moishe Mantelmacher: *"And over there started a lot of trouble because the most Kapos were Germans with the grüne Winkel and the prisoners that I've been with and they killed a lot of Lagerkapos – german Kapos – you know?"*

125 Vgl. „Die Stärke der Bewachungsmannschaft ist nicht bekannt. Es ist nicht anzunehmen, dass alle auf der Transportliste vom 20.2.1945 (vgl. Bl. 198) aufgeführten SS-Angehörigen [...] in Obertraubling geblieben sind." – Zentrale Stelle der Landesjustizverwaltungen Ludwigsburg, NL Obertraubling. Bd.2. Bl.308.

126 Vgl. a.a.O. Bl.309ff.

127 Vgl. Prozess Schwanner – Cross Examination. S.7101f.

128 Brief von Anna Schwanner an das Kommando der US-Armee vom 20.2.1947.

129 Vgl. Brief von Margarethe Schwanner an Kommando der US-Armee vom 27.7.1947.

130 Brief des Bürgermeisters Hiertl (?) aus Mondsee, Österreich, an das Kommando der US-Armee vom 5.7.1947.

131 Vgl. Zentrale Stelle der Landesjustizverwaltungen Ludwigsburg, NL Obertraubling. Bd.1. Bl.8ff.

132 Vgl. Interview Moishe Mantelmacher.

133 Vgl. Zentrale Stelle der Landesjustizverwaltungen Ludwigsburg, NL Obertraubling. Bd.1. Bl.20.

134 Vgl. Zeitzeugengespräch Jack Terry.

135 Vgl. Terry, Jakub's World. S.112.

136 Vgl. Rashke, Escape From Sobibor. S.323.

137 Gemeindearchiv Obertraubling, Fotoarchiv, 32, 322.

138 Vgl. Zeitzeugengespräch Georg Gattinger.

139 Vgl. allgemein zur NSDAP in der Region: Zweck, Die Nationalsozialistische Deutsche Arbeiterpartei in Regensburg von 1922 – 1933.

140 Vgl. a.a.O.

141 Vgl. Zeitzeugengespräch mit Gerhard Schulz.

142 Vgl. a.a.O.

143 Vgl. Wenzl, Die bäuerliche Bevölkerung im Dritten Reich. S.87.

144 Vgl. Zeitzeugengespräch mit Georg Gattinger.

145 Wenzl, Die bäuerliche Bevölkerung im Dritten Reich. S.88.

146 Vgl. Ostermann, Kriegsende in der Oberpfalz. S.13.

147 Dazu und im Folgenden, soweit nicht anders belegt: Zeitzeugenbericht Johanna Doerfler.

148 Vgl. das Beispiel Max Mauer aus Ergolsbach. Geschildert in: Sachs, Leaflets of our resistance. S.33.

149 Ostermann, Kriegsende in der Oberpfalz. S.75.

150 Vgl. a.a.O. S.74.

151 Zeitzeugengespräch Georg Gattinger.

152 Ostermann, Kriegsende in der Oberpfalz. S.91.

153 Zeitzeugengespräch Gerhard Schulz.

154 Interview Moishe Mantelmacher: *"It was peasants, but we saw a very few of them."*

155 Interview Emil und Bernard Kalfus: *"Nobody, nobody ..."*

156 Zeitzeugengespräch Gerhard Schulz.

157 Interview Moishe Mantelmacher: *"We didn't march through the cities. We marched through small towns, through fields."*

158 Zeitzeugengespräch Gerhard Schulz. Zeitzeugengespräch Georg Gattinger.

159 Vgl. Museum der Stadt Neutraubling, 60 Jahre Kriegsende. S.45.

160 Vgl. Fritz, Obertraubling. S.215.

161 Vgl. o.V., Drei Nachbargemeinden pflanzen eine Baum.

162 Vgl. Museum der Stadt Neutraubling, 60 Jahre Kriegsende. S.45 sowie S.54ff.

163 Vgl. o.V., Ausstellung zur Geschichte Neutraublings wurde eröffnet.

164 Vgl. o.V., 60 Jahre Schule in Neutraubling.

165 Vgl. dazu und im Folgenden: Stadtarchiv Neutraubling, Seminararbeit von Christina Peintinger.

166 Vgl. Fendl, Aufbaugeschichten. S.59f.

167 Vgl. Ehm, Auch im Landkreis starben KZ-Häftlinge.

168 Vgl. Stadtarchiv Neutraubling, Brief des Bürgermeisters an den Volksbund Deutsche Kriegsgräberfürsorge e.V. vom 21.6.1956.

169 Wir danken Herrn Rainer Ehm für die Auskunft über militärische Zuständigkeiten zum Personenstandswesen der auf dem Fliegerhorst befindlichen Personen.

170 Vgl. Stadtarchiv Neutraubling, Brief des Bürgermeisters an das Landratsamt Regensburg vom 11.6.1957.

171 Stadtarchiv Neutraubling, Brief des Landratsamtes Regensburg an den Bürgermeister vom 18.6.1957. Sowie vgl.: Stadtarchiv Neutraubling, Brief des Bürgermeisters an das Landratsamt Regensburg vom 21.6.1957.

172 Vgl. Stadtarchiv Neutraubling, Brief der Bayerischen Verwaltung der Staatl. Schlösser, Gärten und Seen an das Landratsamt Regensburg vom 13.6.1956.

173 Vgl. Stadtarchiv Neutraubling, Brief des Bürgermeisters an Bayerische Verwaltung der Staatl. Schlösser, Gärten und Seen vom 3.9.1956.

174 Vgl. Stadtarchiv Neutraubling, Brief der Bayerischen Verwaltung der Staatl. Schlösser, Gärten und Seen an die Gemeinde Neutraubling vom 1.8.1956.

175 Vgl. Stadtarchiv Neutraubling, Brief des Bürgermeisters an das Landratsamt Regensburg vom 21.6.1957.

176 Stadtarchiv Neutraubling, Seminararbeit von Christina Peintinger.

177 Vgl. a.a.O.

178 Vgl. o.V., Der KZ-Friedhof in Neutraubling wird nach Neuenahr verlegt.

179 A.a.O.

180 Vgl. Brief der Bayerischen Verwaltung der Staatl. Schlösser, Gärten und Seen an die Landratsämter und Stadtverwaltungen vom 19.8.1954.

181 Vgl. Brief des Bürgermeisters an Herrn Johann Michl vom 28.8.1953.

182 Vgl. Brief des Bürgermeisters an die Bayerische Verwaltung der Staatl. Schlösser, Gärten und Seen vom 11.9.1956.

183 Vgl. o.V., „Ja damals".

184 Vgl. Fendl, Die Geschichte unserer neuen Heimat IV.

185 Waller, Auf Neutraublinger Boden stand ein KZ.

186 Vgl. Skriebeleit, Erinnerungsort Flossenbürg. S.25.

187 Detlef Hoffmann. Zitiert a.a.O.

188   Vgl. bspw. Schmoll, Messerschmitt-Giganten.

189   Vgl. Aigner, Regensburger Geschichte endet mit dem Mittelalter.

190   Vgl. Fendl, Aufbaugeschichten. S.84.

191   Vgl. Simon-Pelanda, Im Herzen der Stadt. S.167.

192   Vgl. Waller, Auf Neutraublinger Boden stand ein KZ.

193   A.a.O.

194   Fendl, Aufbaugeschichten. S.83.

195   A.a.O. (Zitat von Konrad Gottwald, Jg. 1927, aus Troppau (Opava) / Altvater, Gespräch am 16.10.1987). Mit „Auerbach" ist Philipp Auerbach, Bayerischer Staatskommissar für rassisch, religiös und politisch Verfolgte (1946-1951) und Mitglied des Zentralrats der Juden (1951-1952), gemeint.

196   Vgl. a.a.O. S.86f.

197   O.V., Einweihung des Ehrenmales.

198   Owody, Ausschreibung – Ehrenmal.

199   Schmitzer, Wie halten wir es mit unserem Herkommen?

200   Vgl. Skriebeleit, Erinnerungsort Flossenbürg. S.26.

201   A.a.O. S.208.

202   Benz, Die Allgegenwart des Konzentrationslagers. S.12.

203   Vgl. Skriebeleit, Erinnerungsort Flossenbürg. S.208.

204   Vgl. a.a.O. S.27.

205   Vgl. a.a.O. S.15.

206   Vgl. a.a.O. S.28.

207   Vgl. a.a.O. S.30.

208   Vgl. a.a.O. S.16.

209   Vgl. a.a.O. S.12.

210   Vgl. Simon-Pelanda, Gedenkstätten. S.139.

211   Vgl. a.a.O.

212   Vgl. Simon-Pelanda, Gedenkstätten. S.139.

213   Vgl. a.a.O. S.9.

214   Vgl. Simon-Pelanda, Gedenkstätten. S.139. Ehm, Regensburg.

215   Vgl. Simon-Pelanda, Im Herzen der Stadt. S.159.

216   Vgl. a.a.O. S.168.

217   Vgl. Ehm, Regensburg. S.186.

218   Vgl. Simon-Pelanda, Gedenkstätten. S.139. Ehm, Erinnerung an 700 Tote.

219   Ehm, Regensburg. S.187.

220   Vgl. a.a.O.

221   Vgl. Colosseum-Gedenken „sehr beschämend". Kommentar von „Lothgaßler" am 6.8.2011.

222   Oberbürgermeisterin a.D. Christa Meier. Zitiert a.a.O. S.168.

223   Cäcilie Vilsmeier. Zitiert bei: Waller, Auf Neutraublinger Boden stand ein KZ.

224   Vgl. o.V., Viele KZ- und Ausländergräber sind zu Allerheiligen geschmückt.

225   Vgl. o.V., Vor 50 Jahren: Flucht, Deportation, Vertreibung, Neubeginn.

226   Schmitzer, 1995 – ein Gedenkjahr.

227   Vgl. Schmitzer, Volkstrauertag 1995.

228   A.a.O.

229   Vgl. Waller, Vom Trümmerfeld zur blühenden Stadt.

230   Vgl. o.V., Sonderausstellung macht die Gründung Neutraublings lebendig.

231   Vgl. Waller, Auf Neutraublinger Boden stand ein KZ.

232   Vgl. Evangelisches Bildungswerk Regensburg e.V. (Hrsg.), Programm. S.37.

233   Schlagzeile der Donau-Post: Neumann, Ein sichtbares Zeichen der Erinnerung.

234   Vgl. dazu und im Folgenden: Stadtarchiv Neutraubling, Errichtung eines Gedenksteins in Neutraubling. O.V., Stadtrat macht Weg frei für Gedenkstein. Sowie: Waller, KZ-Gedenkstein erneut auf der Agenda.

235   Waller, KZ-Opfer: Türen bleiben geschlossen.

236   Vgl. Neumann, Ein sichtbares Zeichen der Erinnerung.

237   Jaumann, Mahnmal: Kein Kranz für Naziopfer.

238   Vgl. Evangelisches Bildungswerk Regensburg e.V. (Hrsg.), Programm. S.37.

239   Ehm, Neutraubling.

240   Vgl. Waller, Das lange Warten auf ein KZ-Mahnmal.

241   Vgl. Skriebeleit, Erinnerungsort Flossenbürg. S.13.

242   Dan Diner. Sinngemäß zitiert a.a.O. S.14.

243   Barbara Völkl am 27.7.2011.

244   Gordon, Jack Wayne. Remembering the Holocaust.

Raum für eigene Notizen

Ursula Dorn
Ich war ein Wolfskind aus Königsberg

Hintergründe: Wolfskinder

Wie hungrige Wölfe schlugen sich nach den Wirren des Zweiten Weltkrieges deutsche Kinder durch Polen und Litauen, um sich selbst am Leben zu erhalten oder mit ihren Bettelzügen das Nötigste für ihre Familien zu finden. [...] Am Ende des Zweiten Weltkriegs, nach der Einnahme Ostpreußens durch sowjetische Truppen 1945, fanden Kinder oft ihre Familien nicht mehr wieder oder Mutter und Vater waren verhungert, vertrieben oder ermordet worden. Sie waren auf sich allein gestellt. [...] Doch nur kleine Kinder, die sich ihrem neuen Leben rasch anpassten, Litauisch lernten und ihren deutschen Hintergrund vergaßen, blieben dauerhaft in den Familien. Alle anderen wurden, nachdem man sie eine Zeitlang aufgenommen, aber auch als billige Arbeitskräfte eingesetzt hatte, weiter geschickt. Dies geschah vor allem aus der eigenen Not und der Angst heraus, von sowjetischem Militär gestellt zu werden. Dann drohte nämlich die Deportation der eigenen Familie. Viele Wolfskinder sind auf ihren Wanderungen ums Leben gekommen – verhungert, entkräftet, erschlagen. Andere blieben in Litauen, bauten sich dort ein Leben auf. Wieder andere – etwa 200 – siedelten nach Deutschland um. [...]   *Heike Wolter*

„Wir wussten ja überhaupt nichts von der übrigen Welt oder was außerhalb von Litauen los war, oder ob es überhaupt noch was anderes als Litauen gab. Jahreszahlen, Monate, Tage oder ein Zeitgefühl gab es für uns nicht. Wir waren halt keine Menschen mehr, nur noch Wolfskinder, die sich im Kreis drehten oder umherliefen. Manchmal sagte ich zu meiner Mutter: ‚Mutti, was soll bloß aus uns werden. Ich kann nicht lesen, nicht schreiben, nicht rechnen und nicht mehr richtig Deutsch sprechen.‘ - ‚Ich weiß es auch nicht, wie das mal enden soll. Wären wir doch bloß alle krepiert, dann brauchten wir das nicht mehr miterleben.‘ Weinend gingen wir oftmals durch die Gegend und waren am Ende, aber wir rafften uns immer wieder auf.“

Über sechs Jahrzehnte sind vergangen, bis die 1935 in Königsberg (Ostpreußen) geborene Ursula Dorn den Mut fasste, das zu erzählen, was sie als 10jähriges Kind erfahren musste. Sie lebt heute mit ihrer Familie in der Nähe von Göttingen. In ländlicher Abgeschiedenheit hat sie die Ruhe gefunden, ihre Erlebnisse im Zweiten Weltkrieg zu bewältigen. Die Erinnerungen an ihr Dasein als Wolfskind hat sie in einer packenden Geschichte verarbeitet.

172 Seiten Paperback • 6 Farbtafeln • ISBN: 978-3-902647-09-2 • Ladenpreis: EUR 19,90 [D], EUR 20,50 [A]
edition riedenburg, Salzburg • Lektorat: Dr. Heike Wolter • Kommentar: PD Dr. Winfrid Halder

Ursula Dorn
Das Wolfskind auf der Flucht

15 Farbtafeln mit teils seltenen Facsimile-Abdrucken:

- 1948: Quarantäne-Bescheinigung des Quarantänelagers Siebenborn in Eisenach (Thüringen)

- 1949: Abschlusszeugnis der Deutschen Einheitsschule, Grundschule Weißbach

- 1953: Regierung der Deutschen Demokratischen Republik, Staatssekretariat für Berufsbildung: Ursulas Facharbeiterzeugnis für die Prüfung als Knopfmacher.

- 1953: Ursulas Laufzettel für das Aufnahmeverfahren im Lager Spandau, Berlin West

- 1954: Ursulas Meldekarte vom Arbeitsamt Hamburg, Durchgangslager Hamburg-Wandsbek, „Fürsorgeabteilung"

- 1954: Ursulas Einweisungsbescheid (Registrierschein) des Durchgangslagers Hamburg-Wandsbek nach Nordrhein / Westfalen

- 1954: Ursulas Arbeitslosen-Meldekarte vom Arbeitsamt Kempen

- 1955: Bundesrepublik Deutschland, Ursulas Ausweis für Vertriebene und Flüchtlinge.

„Im Winter fanden wieder die Zirkelabende von der FDJ statt. Aber die meisten Dinge dort berührten mich überhaupt nicht, so zum Beispiel Marx und Engels, Liebknecht und Luxemburg, Lenin und Stalin. Ich hatte andere Sorgen: Wie überleben wir das alles, war meine wichtigste Frage. Von mir wollten die Anderen oft wissen, was ich in Königsberg und Litauen erlebt hatte. Manchmal habe ich gesagt, dass ich nicht immer darüber sprechen kann, weil all die furchtbaren Erinnerungen wieder in mir hochkamen und ich alles nachts wiedererlebte. Aber ich schwieg auch aus einem anderen Grund: Es war offiziell verboten, über ‚Flüchtlinge', ‚Heimatvertriebene' oder gar ‚Wolfskinder' zu sprechen. Der Staat bezeichnete uns als ‚Übersiedler' und betonte, dass wir freiwillig in die DDR gekommen seien."

Nach ihrem Buch „Ich war ein Wolfskind aus Königsberg" berichtet die 1935 in Königsberg (Ostpreußen) geborene Ursula Dorn nun über die Fortsetzung ihrer tragischen Geschichte. Dem Krieg entronnen bleibt sie auch in der DDR fremd und nutzt 1953 die Chance zur Flucht in die Bundesrepublik. Doch auch im „goldenen Westen" ist das Leben als Flüchtling äußerst beschwerlich. Durch ihre zupackende Art gelingt es Ursula allen Schwierigkeiten zum Trotz, sich nach vielen harten Jahren eine glückliche Existenz aufzubauen. Das Wolfskind „Ulla" kommt als junge Frau endlich wirklich in dem von ihr ersehnten Leben an.

156 Seiten Paperback • ISBN: 978-3-902647-30-6 • Ladenpreis: EUR 19,90 [D], EUR 20,50 [A]
edition riedenburg, Salzburg • Lektorat: Dr. Heike Wolter • Kommentar: PD Dr. Winfrid Halder

editionriedenburg.at